Die weiße Bruderschaft
Die Bruderschaft der Freude

Joy Sophia Neie
Die Weiße Bruderschaft
Die Bruderschaft der Freude

In die Neue Zeit.
Liebe in Bewegung

ch. falk-verlag

Originalausgabe
© ch. falk-verlag, seeon 2011

Umschlaggestaltung: Christina Riecken, Dießen a. A.

Satz: P S Design, Lindenfels
Druck: Druckerei Sonnenschein, Hersbruck
Printed in Germany

ISBN 978-3-89568-228-5

Inhalt

Vorwort 9

Geliebte! 10

Liebe ist mehr 12

Beziehung zu dir selbst 15

Beziehung 20

Die Heilige Bruderschaft 26

Das Höhere Selbst 29

Der Schöpferische Klang 32

Auflösung der Schuld(en) 36

Das Urteil transzendieren 39

In der Liebe gibt es kein Urteil 43

Liebendes Bewusstsein 48

Der Kristallkörper 52

Eine neue Zeit 56

Alles ist Eins 59

Kosmos 62

Das Gesetz 65

Allzeit verbunden 68

Gloria 72

Knotenpunkte 75

Einheit 78

Quantensprung 83

Seelenerfüllung 87

Integration 89

Engelbewusstsein 94

Kristallkörper 97

Quelle 100

Aufstieg 104

Schöpfung 107

Annehmen 113

Nutze die Potenziale aus dem Quantenmeer . 116

Zentrierung 120

Zu Hause 124

Seelenpartner 127

Einheit 130

Allzeit 136

Nachwort 139

Über die Autorin 141

Danke

Dein Lächeln
verändert die Welt

Vorwort

Als mich die Bruderschaft der Freude darüber in Kenntnis setzte, dass wir ein Buch über Beziehungen schreiben, war ich einigermaßen verwundert. Das ist nämlich ein Thema, an das ich mich nicht herangetraut hätte.

Es gibt wohl kaum einen Lebensbereich, der uns so stark bewegen und in solch immense Hilflosigkeit versetzen kann. Obwohl wir uns glückliche, erfüllte Beziehungen zu anderen Menschen wünschen, sind wir nirgends so deutlich mit unserer Unzulänglichkeit zu lieben, zu verstehen, zu schenken und anzunehmen und oft auch zu verzeihen, konfrontiert wie in der Begegnung mit einem Gegenüber.

Bisher bewegten wir uns an unseren Grenzen, um sie zu erweitern – im besten Fall.

Und dennoch ist es ein tiefes Geheimnis, dass nur in Beziehung das Ich erfahren wird…wir sind Eins in Vielen und Viele im Eins.

So lade ich dich ein, mir zu folgen auf einer Reise in das Geheimnis des Herzens bis zur Erleuchtung.

Joy Sophia

Geliebte!

Wir sind die Aufgestiegenen Meister der Weißen Bruderschaft.

Wir grüßen euch aus der Freude, aus der Liebe, aus dem Licht.

Es sind schon viele Bücher über Beziehungen geschrieben worden. In der neuen Energie, in die ihr jetzt gekommen seid, gibt es neue Aspekte, die wir für euch beleuchten wollen. Dieser Vorgang ist multidimensional.

So ist auch dieses Buch nicht linear aufgebaut, sondern ein Sammelsurium rasch und lebhaft durch das Medium vorgetragener Gedanken, die es dir erlauben, zu jedem Zeitpunkt genau das zu finden, was du gerade jetzt brauchst. Denn auch dein Prozess, lieber Mensch, verläuft nicht linear und gleichmäßig – selbst wenn es den Anschein hat. Verborgene Anteile deiner DNA senden Codes aus, auf die deine Umgebung reagiert.

So erhältst du zum Beispiel dieses Buch, nach dem du noch gar nicht Ausschau gehalten hast.

In der neuen Energie ist vieles schneller und leichter geworden, aber auch sehr viel intensiver. Überlichtgeschwindigkeit, die in Experimenten beim Tunneln von Teilchen erreicht wurde, sorgt hier für das, was ihr als Wunder bezeichnet.

Die Zeitlinien sind teilweise schon verschmolzen und verschmelzen noch weiter. Du bist ein Teil davon, ein interdimensionales Wesen auf dem Weg in die vollständige Bewusstheit seiner selbst.

So wundert es nicht weiter, wenn auch in euren Beziehungen manches einer neuen Erklärung bedarf, denn du kannst und darfst weitergehen, als du es bisher kanntest und erfahren hast.

Om Shanti, wir grüßen dich.

Die Bruderschaft der Freude
am 29. 10. 2008

Liebe ist mehr

Liebe, Geliebte, ist weitaus mehr, als ihr darüber wisst und auch nur ahnt.

Neuerdings wächst das Bewusstsein dafür, dass auch Greueltaten aus einem Hintergrund der Liebe geschahen und geschehen, und das ist gut und richtig.

Neben den persönlichen Beweggründen für eine Person gibt es immer auch kollektive, an die sie durch vertragliche Vereinbarungen gebunden ist. Als Erstes wäre hier zu nennen die Familie. Wir wollen jetzt nicht auf das Familienkarma hinaus, das in euren Zeiten schon bekannt und teilweise geheilt worden ist, es gibt noch eine tieferliegende Schicht, und das ist deine eigene. Eine persönliche Zeitlinie, die dich durch Resonanz mit deiner Familie verbindet.

Aufgrunddessen werden zu bestimmten Zeitpunkten Auslösungen erreicht, durch deren Qualität auf magnetische Weise Umstände in deinem Leben erschaffen werden, die du stellvertretend für deine Familienangehörigen, die blutsverwandt sind – also deine Geburts- und Herkunftsvoraussetzungen zur Verfügung gestellt haben – unter neuen Gesichtspunkten – nämlich in deinem aktuellen Ich – noch einmal erlebst. Hier geht es um die kollektive Lernerfahrung einer Gruppe von Individuen, die sich miteinander verbunden und Nachkommen gezeugt haben.

In gewisser Hinsicht haben sich eure Zeitlinien überlagert und dadurch die entsprechende Kulisse hervorgebracht.

Wir erklären kurz den Unterschied zum Familienkarma.

Familienkarma ist eine noch nicht gelöste Problematik, die sich in jeder neuen Generation wieder zeigt, so lange bis einer der Nachkommen genug Liebe in sich entwickelt hat, um an entsprechender Stelle zu vergeben und es damit zu erlösen.

Die Zeitlinienresonanz ist eine Chance aus dem Gesetz der Vermehrung, Seelen mit entsprechender Qualifikation zu ermöglichen, der Schöpfung ein neues Element hinzuzufügen, indem sie ihre Kreativität entdecken und einsetzen. Es geht hier also nicht mehr primär um Vergebung, darum, ein Ereignis, das Schmerz erzeugt hat, aufzulösen, sondern hier ist ein Potenzial für besondere Kreativität, die erst dann wirksam werden kann, wenn mehr als die Hälfte des gesamten Familienkarmas gelöst ist. In den vergangenen Zeiten wurde das nicht in vollem Umfang genutzt. Dies kann sich nun ändern.

Durch die neuen Möglichkeiten habt ihr Zugang zu so vielen Informationen wie fast noch nie. Ihr könnt jetzt anfangen, eigenständig in den Zeitlinien zu forschen und aktiv neue Verknüpfungen bzw. Auflösungen vorzunehmen. Dies bedeutet auch, in der vollen Verantwortung dafür zu sein. Du kannst den Schmerz gleichermaßen reproduzieren wie die Freude. Letzten Endes geht es um die Herausforderung, deine Liebe nach bestem Wissen und durch innigste Weisheit auszudrücken. Strebe keine Scheinlösung an, sondern nutze dein gesamtes kreatives Potenzial, um an der Stelle, wo es schwierig wird, ein Wunder zu erschaffen. Dann geh in die Freude und lass sie allen, die je an den Umständen beteiligt waren (also deine Ahnen und Vorfahren, die dasselbe wie du bewältigen mussten), zufließen. Du wirst die Freude sehr deutlich spüren. Alle werden kommen, um dich zu umarmen und deine persönliche Vision, die du erschaffen hast, zu feiern.

Gleichermaßen gibt es freudvolle Auswirkungen auf der gesamten Zeitlinie, die du ebenfalls in deinen Lebensumständen wiederfindest und erfährst. Hier kann es sein, dass du die segnende Nähe deiner Angehörigen wahrnimmst, während du eine besondere Erfahrung machst.

Jeder von euch hat das schon erlebt.

Das Besondere in diesem Zusammenhang ist, einerseits zu erkennen, wie sich Liebe durch die Biologie erfährt und andererseits was Liebe der Biologie hinzufügt. Denn das von dir erschaffene Ergebnis wird wiederum nicht nur der Zeitlinie, sondern auch der DNA hinzugefügt als eine weitere Möglichkeit, das Leben zu erfahren. Sie fließt in das magnetische Gitter. Damit steht sie deinen eigenen Nachkommen von diesem Augenblick an zur Verfügung und beeinflusst die Familiengeschichte in alle Richtungen. Weiterhin teilt sich die neue Information über das Magnetfeld den nächstgelegenen Schichten des kollektiven Bewusstseins mit als morphogenetische Resonanz, von wo aus sie dem Ganzen zufließt.

Das waren Kuthumi und Evalon
am 29. 10. 2008

Beziehung zu dir selbst

Die Beziehung zu deinem Selbst ist die Wurzel all deiner anderen Beziehungen. Im Außen erlebst du mannigfaltige Aspekte von dir, die dich auf irgendeine Weise berühren oder nicht berühren. Du kannst in diesen Berührungen zur Erkenntnis deiner selbst gelangen, wenn du sie auf die richtige Weise anzuerkennen und einzuordnen beginnst.

Es ist immer das Selbst, das die Umwelt im Außen erschafft, und es sind immer nur Aspekte deiner selbst, die du im Zusammensein mit anderen erlebst. Ein jeder Mensch und ein jedes Wesen ist dein Bruder, deine Schwester in dem Sinn, dass alles seinen Ursprung in Gott, dem Einen, hat. Der Heilige Geist wohnt dem Leben inne und empfängt sich selbst durch seine Geschöpfe in jedem Augenblick. So bist auch du Spiegelung und Spiegel für andere wie für dich selbst. Du wirst dich nie befriedigend in der Beziehung zu nur einem anderen entdecken, sondern immer nur in der Gesamtheit ALLER Beziehungen, und das bedeutet nicht nur deine Beziehungen mit anderen Menschen, sondern letztendlich zu allen Lebewesen einschließlich der Materie und zum Kosmos.

Gesundheit und Harmonie wohnt dem Lebendigen aufgrund eines Heiligen Gesetzes inne, aber die Lichtbrechungen in der Dualität erlauben, Zersplitterung, Trennung, Abgesondertheit und Schmerz zu erfahren, was auch Leiden und

15

Krankheit mit einschließt. An diesen Stellen gibt es einen Teil von dir, den du aus deinem persönlichen Bewusstsein ausgeschlossen hast und versuchst, in deiner Erfahrung zu umgehen. Das kannst du nicht mit Erfolg, denn das Leben ist ganz, und es gibt nichts, das weggenommen werden könnte. So manifestiert sich der abgelehnte Teil im Außen, in deinem Gegenüber genauso wie in deinen Lebensumständen. Dein Körper ist eine Schalttafel für deinen Geist: wie ein Rechenbrett, auf dem man die Kugeln hin- und herschiebt, um das Ergebnis einer Gleichung zu finden. Körperliche Symptome sind eine Sprache deiner Seele, die sich durch das Werkzeug der materiellen Erfahrung so ausdrückt, wie es ihr zur Verfügung steht. Du *kannst* nicht gesund sein, solange verdrängte Anteile in dir auf ihre Integration warten, und unter Umständen dauert es sehr lange, bis die zersplitterten Anteile deiner selbst in ihrer Anerkennung den Weg nach Hause zurückgefunden haben.

Das ist der Weg, den ihr alle geht. Mächtige Schöpfer seid ihr, in der menschlichen Erfahrung.

Nun bedarf es einigen Mutes, die Gründe zu betrachten, aus denen du einen solchen Teil des Ganzen, also von dir, denn du bist das Ganze und ganz als die ewige, heilige und unteilbare Lichtseele, abgespalten bzw. verdrängt hast.

Es sind immer traumatische Erfahrungen, für die du zum Zeitpunkt, als sie sich ereigneten, keine Erklärung hattest.

Aus der Umfassendheit deines Seins kannst du im Rückblick erkennen, dass es gerade diese Erfahrung war, die dich nachhaltig geprägt und zur Ausbildung bestimmter Eigenschaften, Fähigkeiten und Qualitäten in dir selbst geführt hat, die du nun mit Bewusstsein nutzen und einsetzen kannst. Es ist also eine Art Ausbildung, in die du dich hineinbegeben hast, um dein persönliches Verständnis für das Leben zu schulen. Du tust das, genau so wie alle anderen inkarnierten Teile von Gott, um Bewusstwerdung deiner selbst als einzelnes, mit Bewusstsein ausgestattetes Wesen zu erlangen. Dies ist im Göttlichen Plan der Evolution so vorgesehen, und das Erhalten dieses Bewusstseins bildet dich aus zum selbstbewussten Schöpfer, der nach Gottes Ebenbild im holografischen Sinne das Licht nach außen in die Schöpfungen hineinträgt und wieder zu sich zurücknimmt wie das Universum selbst. Der Zyklus des Ein- und Ausatmens der Quelle wird in keiner Zeit gemessen, denn es geschieht immer und überall gleichzeitig und befindet sich jenseits der räumlichen Erfahrung. Codiert ist das Bewusstsein der Quelle im Heiligen Laut OM, der in eines Menschen jeder Zelle klingt.

Was nun deine Umgebung betrifft, so manifestiert sich im Außen die Wirklichkeit des Inneren auf unumstößliche und unmissverständliche Weise. Du kannst dich nicht gegen das Gesetz verhalten, denn du bist eingewoben in das Gesetz.

Indem du das, was du siehst, lieben lernst, erkennst du dich selbst. Dazu gehört deine Familie, dein Wohnort, dein Land und die ganze Erde sowie darüber hinaus. Nichts ist ausgeschlossen von der Bereitschaft zu lieben, und alles, was du liebst, kehrt in dein Heiliges Bewusstsein zurück und erfährt sich als Teil deines ewigen Selbstes. In der heiligen Umarmung von Gott im Inneren mit Gott im Außen befindet sich nur Liebe. Es gibt nichts, was dich zu ängstigen vermöchte, wenn du nicht selbst zuerst die Angst und Ablehnung in dir erschaffen hast.

So wie sie erschaffen wurde, ist sie auch aufzulösen: in dem auslösenden Ereignis, das von einer neuen Ebene deines Bewusstseins aus betrachtet wird.

Das erklärt, warum viele Muster über Leben und Zeitläufe in der Linearität eurer dreidimensionalen Einteilung erhalten bleiben und wieder und wieder erzeugt werden: dies ist das Strickmuster, wie Erfahrung von Realität für eine Person funktioniert.

Die Erfahrung nimmt zu und verändert dich stetig, weil du dich selbst durch alles, was ist, und durch das, was du erschaffst, mehr und mehr erkennst. Das Bewusstsein über dich selbst im Heute kann den Irrtum aus der Erfahrung von früher erst heilen, wenn ein bestimmtes energetisches Potenzial erreicht ist, das die Auflösung in Gang setzt. Doch dann folgt sie unausweichlich.

Heute, in dieser Zeit, da die Erde das Paralleluniversum der nächsthöheren Schwingungs- und Erfahrungsebene erreicht hat, sind diese Auflösungen in Leichtigkeit möglich. Unter dem Gesetz der Gnade, das anzunehmen du dich bereit erklären musst, werden die Lebensumstände und auch die Symptome, die dein Körper dir anzeigt, gewandelt in Lichtgeschwindigkeit und du erhältst mehr und mehr deine ursprüngliche Freude und Freiheit zurück. Die Beziehung zu deinem Heiligen Selbst wird immer inniger und mündet schließlich in eine Umarmung, die als Verschmelzung mit der Lichtseele erlebt wird.

Von da an gehst du nur noch in Liebe. Ohne Widerstand wird das Leben zur heiligen Melodie, und du hörst den kosmischen Klang in dir und außerhalb, wenn du darauf lauschst. Das Ganze ist von einem innigen Glücksgefühl begleitet, das dich nie mehr verlassen wird. Die Kraft dieser Liebe erschafft Wunder und Heilung auf einem Weg in Freude.

Doch was du benötigst, sind Mut, Hingabe und Aufrichtigkeit.

Wir lieben dich und ermutigen dich allezeit. Wir sind deine ständigen Begleiter und erwarten mit Freude deine Entscheidung, den Weg nach Hause zu gehen, denn es ist die

Persönlichkeit, die die Entscheidung trifft, sich mit der Seele zu vereinen.

Und so segnen wir dich und öffnen dir eine Tür, diese ewige Liebe zu erfahren. Nimm deinen Atem als Weg und betrete das Reich der Freude, wann immer es dich danach verlangt. Wir sind an deiner Seite, um dich zu lieben und dich zu empfangen im Reich des Herzens.

Die An-Nuhim
am 18. 11. 2008

Beziehung

Du kannst in das Erleben eines anderen eintauchen, indem du dich mit ihm verbindest.

Ihr seid alle so angelegt, dass ihr eure Erfahrung selbst erschafft und euch ausdrückt und erforscht auf mannigfaltige Weise. Das Erleben an sich folgt den Strukturen und Gesetzmäßigkeiten der Schöpfungsordnung, in denen Alles-Was-Ist sich selbst erschafft.

Das klingt wie ein Paradoxon und ist in der menschlichen Logik nicht zu erklären.

Als mächtige Lichtwesen geht ihr aus von der Schöpferebene. Um das materielle Universum zu erfahren, teilten sich die Ströme in Seelen und Einzelwesen, die hier auf dieser Spielwiese ein Umfeld kreierten, in dessen Gegebenheiten es möglich ist und war, das alles zu erhalten, was für die Entwicklung und das Wachstum von Bewusstsein nötig ist.

Ein jeder von euch ist völlig anders als der andere, und doch seid ihr gemeinsam Gott und könnt nur aneinander erkennen und miteinander erleben, dass es so ist. Die unzähligen Facetten der Schöpfung dienen einander als Spiegel, und Myriaden von Spiegelbildern geben die Vielfältigkeit und Herrlichkeit des Alles-Was-Ist wieder.

Das Erleben und die Erfahrung des anderen ist völlig anders als deine. Am Ende der Singularität, der völligen Vereinzelung deines persönlichen Schöpfungsaspekts, erkennst du, dass du den anderen brauchst, um vollständig und in Harmonie zu sein. Denn der Ausdruck der Trennung brachte es mit sich, dass du jeweils nur die Hälfte eines Ganzen im Moment der Erfahrung zu halten fähig bist in diesem Universum der Dualität, das du zur Zeit bewohnst, erlebst und gestaltest. Dennoch bist du vollständig, und deine Vollständigkeit beschreibt das Innen *und* das Außen.

Aus unserer Sicht seid ihr nicht klein, sondern sehr groß. Wie Blätter an einem Baum seid ihr verbunden mit der Quelle, die ihr in einem besonderen, einzigartigen und persönlichen Aspekt verkörpert. Alle anderen Wesen um dich herum tun dasselbe.

Wenn du deine eigene Welt genügend erforscht hast, kann es interessant sein, sich den anderen Mitschöpfern des Universums zuzuwenden und sich anzuschauen, auf welche Weise sie ihre Erfahrung gestalten und erfahren. Im lebendigen Austausch zwischen euch ereignet sich das Mysterium der Liebe, das wiederum ein drittes Universum kreiert.

Das sind Neuigkeiten für euch, nicht wahr?

Genau wie dein eigenes Universum mit Freude und Leid deiner Erfahrung angefüllt ist, hat das dritte, durch Beziehung geschaffene Universum die Tendenz und die Möglichkeit, ins Leben zu treten und alle darin enthaltenen Wunder zu verkörpern, weil Energie Materieteilchen anzieht, wenn ein bestimmtes Niveau erreicht ist. Den höchsten für euch sichtbaren Ausdruck erreicht die Schöpferkraft einer Beziehung durch die genetische Fortpflanzung des Lebens in einem Zeugungsakt, der eine weitere menschliche Hülle hervorbringt, um Bewusstsein als gleichartige und gleichwertige Kraft in Ausdruck, Gestaltung und Offenheit in eine Partnerschaft zweier Menschen einzuladen.

Doch auch ohne geschlechtliche Zeugung auf der irdisch sichtbaren Ebene geschieht im Unsichtbaren permanent Austausch zwischen den Teilchen eurer Körper in den Kräften Yin und Yang. Die Verbundenheit und Allumfassendheit der Existenz erzeugt ständig neue Muster und Kombinationen der universellen Energie.

All die je von euch erzeugten dritten Universen sind die kosmische Ebene der Erfahrung.

Ihr erzeugt Sternenstaub und Planetenbewusstsein durch die geteilte Liebe von Trennung und Zusammenkunft, Loslassen und Verbindung in der menschlichen Beziehung von Individuen zueinander – wie auch zu und mit jedem anderen Wesensaspekt des Seins: Tieren, Pflanzen, Orten, den gesamten Reichen und letztlich wiederum den Sternen des Firmaments. IHR erschafft sie in die Materie, durch die Energie, die zwischen euch fließt.

Am Ende der Reise in die Materie, wenn dein Bewusstsein als Ich-Bin in der Individualität und Singularität ausgereift ist, beginnt die Wiederverschmelzung der Seelenanteile, zu denen sowohl verkörperte als auch nicht-verkörperte Aspekte deiner höheren Selbst-Gegenwart gehören.

Du hast auf deinen Reisen viele Begegnungen gehabt und viel Energie erzeugt.

Deine Beziehungen zu anderen Menschen und den weiteren Aspekten der Schöpfung, die ebenfalls Lebewesen sind, verändern sich konstant und permanent ab diesem Zeitpunkt.

Immer deutlicher nimmst du wahr, was das Mysterium der Liebe beinhaltet. Das dritte Universum, dessen Mitschöpfer du bist, beginnt sich für dich zu öffnen und zu offenbaren.

Gleichzeitig bedeutet es, den anderen und das andere in vollkommenem Respekt und heiliger Hingabe zu erfahren, ohne deine eigene Bewusstheit dabei zu verlieren. Das heißt, deine Beziehungen zu anderen Menschen verwandeln sich in eine heilige Erfahrung. Du lässt dich nicht mehr aus der Bahn werfen durch irgendwelche ausgelebten Muster, weil du die Wahrheit des Anderen dahinter siehst.

Wenn du deine Gott-Ebene einmal gefunden hast, verwirklicht sich die Sehnsucht deines Herzens nach Vollständigkeit auf eine neue Weise, anders als zuvor. Deshalb werden alle dir bekannten Muster durchschaut, und die Wahrheit und Wirklichkeit der Seele des anderen und deiner eigenen in der Begegnung berührt. Mit dieser neuen Offenheit lässt du dich ein auf das Spiel des Teilens und Mitteilens: du wirst vom anderen und durch den anderen lernen. Das andere macht keine Angst mehr, sondern öffnet einen Bereich des Seins, den du bisher noch nicht erforschen konntest.

Hier beginnt eine neue Reise für dich, die Gemeinsamkeit und Gemeinschaft segnet.

Was vorher getrennt war, findet sich wieder. Es gibt viel zu lernen, zu entdecken und zu erfahren, um dein persönliches Reich des Bewusstseins auszudehnen in alle Weiten der Universen. Dies geschieht nach und nach. Du verlierst dich nicht dabei. Du veränderst dich, indem du wächst, genau wie du als Kind gewachsen bist und das Erleben deiner Eltern durch die Liebe zwischen euch verstehen lerntest.

Du wirst zu dem, womit du dich identifizierst. In Wahrheit bist du eine gewaltige und unendliche Lichtwesenheit. Hier und jetzt hast du die Möglichkeit, dein menschliches Bewusstsein auszudehnen und die Schichten der höheren Lichtkörper in einen menschlichen Körper hineinzuziehen.

So wirst du ein wiedervereintes Wesen durch die Erfahrung der Liebe.

Ein weiteres Charakteristikum ist, dass du dich jenseits der Zeit befindest. Du kannst die Wirklichkeit an allen Jetzt-Punkten erfahren. So lernst und erfährst du in der Begegnung mit deinem Gegenüber, wer du in Vergangenheit, Gegenwart und Zukunft bist, und integrierst die Gesamtsumme deiner Persönlichkeit dadurch auf neue Weise. Es ist ein großes und inniges Geschenk, das ihr euch in euren Begegnungen damit macht.

Zunächst verschmelzen also deine Kernpersönlichkeiten. Dann brichst du auf, die Reise des anderen zu verstehen. Als Drittes erlebst du das gemeinsam erschaffene Universum der Beziehungserfahrung zwischen euch, und damit erhältst du Zugang zur Erfahrung der Beziehung zwischen allem Leben. Wenn all dies gleichzeitig geschieht, wirst du nichts davon verstehen. Deshalb vergewissere dich, das Steuer in der Hand zu halten. Du empfängst die Impulse, wenn du dich öffnest, was ein natürlicher Vorgang ist. In dem Moment deiner Hingabe kannst du überall hin gelangen. Du kannst wirklich alles erfahren, erforschen, erkunden, was du wissen willst. Die Übersetzung der Impulse erfolgt jedoch nach und nach, denn dein Gehirn und deine übrige Biologie verändern sich Schritt für Schritt, in Anpassung an deine Evolution.

Der Schlüssel ist Liebe. Selbstachtung und Liebe.

So erfährst du dich auf den neuen Ebenen in Angemessenheit und Würde.

Überfordere dich nicht. Lass zu, was an Emotionen ausgelöst wird, denn auch die Beziehungsfelder bedürfen einer Reinigung von Schuld- und Schamgefühlen aller Zeiten und Dimensionen. Lass dir Zeit dafür. Alles steht zur Verfügung, und du hast alle Zeit, die du brauchst. Erinnere dich: Du kannst mit allen Methoden an der Auflösung von Angst, Schuld und Karma arbeiten, die bisher für dich funktioniert haben. Die universellen Prinzipien des Lebens gelten für alle Ebenen. Die Anleitungen, die wir in den ersten zwei Büchern gegeben haben, sind höchst wirksame Werkzeuge, um alle Einschränkungen aufzulösen, die dich als Mensch begrenzen und unglücklich machen. Das Universum von Liebe und Verbundenheit ist ein unendlicher Zustand von Glück und Freude, von Glückseligkeit. Die Eintrittskarte dafür hast du schon gelöst. Doch wenn du aufsteigst, nimmst du alle deine Schöpfungen mit.

Weißt du, wie man ein Musikstück transponiert? Du bringst es in eine andere Tonart, sodass du die Melodie auf dem neuen Instrument erklingen lassen kannst. Es ist dasselbe Prinzip, überall anwendbar.

Wir lieben dich.

Die Aufgestiegenen Meister der Bruderschaft der Freude
am 12. 1. 2009

Die heilige Bruderschaft

Wenn du die Liebe lebst, weißt du nicht mehr, wer du warst. Du bist frei. Eine neue Wahrheit verwirklicht sich durch dich in jedem Augenblick. Was war, was je gewesen ist, spielt keine Rolle mehr.

Du spielst keine Rolle mehr. Du bist angekommen im Mittelpunkt deiner Autorität, der Authentizität deiner ureigensten Quelle.

Du hast keine Bindungen mehr an Menschen und an Dinge, denn du bist in deiner vollkommenen Freiheit angekommen, und das Lied deiner Seele klingt durch dich in Einheit und Einklang mit der himmlischen Harmonie der ganzen Schöpfung. Das beinhaltet, dass alles, was nicht Licht ist, sondern Betrübnis und Dunkelheit, Unwissenheit und Vergessen, sich auflöst – nicht nur in dir, sondern auch in deiner Umgebung. Die vielfältigen Bindungen, die du im Laufe deiner Inkarnationen geschaffen hast, dienen nun dazu, das Licht zu teilen, zu mehren und zu leiten: hinzuleiten zu denen, die noch in Vergessenheit, Dunkelheit und Betrübnis sind.

Verstehst du jetzt das Geflecht und die Notwendigkeit, Bindungen und Verträge jeglicher Art einzugehen? Sie alle sind abgespeichert in deinen Knochen und resonieren über das Blut.

So ist es unbedingt erforderlich, die Blutlinie mit einzube-ziehen in diesen Vorgang, den ihr Aufstieg nennt.

Du kannst hierfür ein eigenes Ritual kreieren und dabei den Anweisungen deiner Seele folgen. Hier änderst du nicht nur dein eigenes Schicksal in Vergangenheit, Gegenwart und Zukunft, sondern ebenfalls das Leben jener, die mit dir in Verbindung stehen. Du bist zum Lichtbringer geworden vom Lichtträger, der du bist und immer warst, seit du ausgingst, die Universen zu erfahren.

Wenn das Vergessen in dir überwunden ist, trennt dich nichts mehr von der Wahrheit und Herrlichkeit deiner allge-genwärtigen Lichtseele und du bist eins mit dem Vater, wie Jesus sagte.

Nun ist die Quelle aber nicht nur Vater, sie ist auch Mut-ter und beinhaltet sowohl beide Geschlechter als auch das ge-samte Wissen des Alles-Was-Ist.

In Wirklichkeit und Heiligkeit zu leben, verändert deine Erfahrung umfassend. Du wirst nun nicht mehr als Glauben-de/r bezeichnet, sondern als Wissende/r oder – gleichbedeu-tend in diesem Zusammenhang – als Weise/r. Denn das Wis-sen, das du erfährst, ist untrennbar verbunden mit der innigs-ten Liebe, was bei euch Weisheit genannt wird.

Weisheit kommt von weiß: der Farbe der weißen Flamme, in der das Licht der Quelle noch vor der Aufteilung pulsiert und in die alle wiedervereinigten Strahlen- und Seelensphären zurückkehren.

So bist du nun wissender und bewusster Teil der Quelle geworden, und als solcher gestaltest du dir ein neues Leben inmitten der anderen, noch ihrer selbst bewusst werdender Einheiten.

Es ist ein Wunder und ein Freudenklang, den deine Aura daraufhin produziert, sie zieht alle Suchenden in deine Nähe.

Gib ihnen freigiebig vom Quell des Wissens und der Heilung in dir, so wie auch du geführt und geleitet wurdest auf deinem Weg von jenen, die immer in dem Licht um dich waren und sind. Wir sind die Bruderschaft der Freude. Du bist ein Teil von uns, und jetzt sind wir auch Teil von dir.

Om Shanti.

28. 1. 2009

Das Höhere Selbst

Der Kontakt zu deinem Höheren Selbst ist die Grundlage all deiner weiteren Beziehungen, wenn du dich dafür entscheidest.

Das geht aber nur, wenn du einen Großteil deiner karmischen Verflechtungen gelöst und die Erfahrungen daraus angenommen hast. Dann kannst du deine ICH BIN-Gegenwart zum Bindeglied all deiner Beziehungserfahrungen werden lassen.

Indem du diese Entscheidung für dich triffst, erwachst du auf einer neuen Ebene, die frei von allen Belastungen ist, die in früheren Begegnungen erschaffen worden sind. Das heißt, du lässt den alten Lebensraum hinter dir und betrittst einen neuen. Das bedeutet auch, dass jene, die noch karmisch mit dir verstrickt sind, und solche, die bisher die Programme und Haltungen, die du daraus entwickelt hast, repräsentierten, nun aus deinem Leben verschwinden. Du erreichst zunächst den karmischen „Nullpunkt" und gelangst in eine Übergangszone. In manchen Fällen ist der Vertrag deiner Seele so beschaffen, dass du daran erkennen kannst, wie wir deine nächste Entscheidung vorbereitet haben.

Das könnte also der Fall sein, wenn auf irgendeine Weise plötzlich oder rasch aufeinanderfolgend deine vertrauten Bezugspersonen „verschwinden". Dann hast du schon auf der Seelenebene gebucht, dein Höheres Selbst in das irdische Ich aufzunehmen. Es bedarf jetzt der Zustimmung deiner Persönlichkeit.

Wenn du dich zu diesem Schritt noch nicht bereit fühlst, bitte um Hilfe und Führung durch deine Träume. Geborgenheit, Sicherheit und Vertrautheit gehen nur scheinbar aus deinem Leben. Erst wenn du alle alten Vertrautheiten losgelassen hast, erkennst du dich und auch deine Bezugspersonen in den wahren Zusammenhängen.

Du kannst den Prozess, wenn er begonnen hat, verlangsamen und auch beschleunigen. Dein Wunsch und Wille bestimmt über den Zeitrahmen, in dem dies stattfindet.

So kannst du lange damit schwanger gehen und das Loslassen in vielen Aspekten deiner Beziehungen üben, um damit vertraut zu werden, ehe du den letzten, großen Schritt zu wagen bereit bist.

Das ist vollkommen geehrt, geliebter Mensch, denn was sich jenseits davon befindet, hast du dir nicht vorzustellen vermocht.

Auch wir dürfen darüber keine Auskunft geben. Es ist Teil deiner Aufgabe auf Erden, das Vertrauen zum Höheren Selbst und dessen Heiligem Plan so weit zu entwickeln, bis dein ewiges Selbst vollständig durch dich wirken kann. Alles, was du auf diesem Weg erschaffst und in die Erfahrung bringst, gehört auf einzigartige Weise dazu und ist ebenfalls heilig und geehrt. Denn das Bild, das sich in Gottes Gegenwart entfaltet, ist wahrhaftig wunderbar. Das Wunder darin zu entdecken, bist du einst ausgezogen aus der göttlichen Sphäre der ewigen Gottesgegenwart. Heilig ist jeder Atemzug, den du nimmst, und jede Ausatmung, die du der Welt und den Ebenen um dich schenkst.

Was sich in deinen Beziehungen manifestiert, ist dein ureigenster Bezug zu den Anteilen deiner materiellen Erfahrung.

Wenn alle integriert sind, kann die ICH BIN-Gegenwart in voller Strahlkraft durch dich wirken. Heilung aller Erfahrungsebenen ist eine direkte und unmittelbare Auswirkung davon. Körperliche Symptome, die du in diesem Prozess erlebst, sind ein Bestandteil davon, dass ein Ausgleich von Defiziten vorgenommen wird. Das geschieht sozusagen „automatisch".

Versuche nicht, es zu verhindern. Das Leid der Erde, das du mitgetragen hast, ist dabei, sich durch dich zu wandeln.

Om Shanti, wir lieben dich. Wir sind allezeit in der Freude mit dir. Dein Lied ist Heilung für die Welt. Nicht nur die Erde. Auch andere Teile des Universums profitieren davon. Mehr als du denkst und bisher ahnst, sind wir Teil voneinander, und alles, was wir teilen, ist in dieser Zeit Bestandteil einer höheren Evolution, der die Erde und alle inkarnierten Wesen zugestimmt haben. In dir sind alle Erfahrungsebenen vereint, auch die neuen, die sich durch deine Zustimmung jetzt öffnen. Du wirst Beziehungen haben und erleben, dessen sei versichert, Lieber, Geliebte, auf wunderbare Weise und vollkommen. In der Einheit empfindest du dich selbst und alles andere auf neue, unbekannte und dennoch vertraute Weise. Es ist: nach Hause kommen.

Willkommen in unseren liebenden Armen! Die Harmonien der himmlischen Klänge durchdringen dich von nun an bis in Ewigkeit.

Erzengel Raphael, Erzengel Jophiel, Imanuel und Sophia
von den An-Nuhim
am 29. 3. 2009

Der Schöpferische Klang

Geliebte!

Die Harmonie der Sphären ist in euch, und zwar seid ihr jene Rasse, die alle Dimensionen und Erfahrungen in sich vereinigt. Ihr seid gezeugt aus dem Heiligen Plasma der Krone – Kether – die sich unendlich und ewig in alle Welten ergießt. Wenn ihr nun eure vorhandenen Erfahrungsbereiche in Übereinstimmung mit dem Lied der Seele gebracht habt, das für und durch alle Zeiten in euch klingt, so öffnet sich die Liebe einer neuen Dimension, die es mit sich bringt, allem anderen Leben aus Hingabe dienstbar und nützlich zu sein. Es ist dies, was die Gurus, Meister, Lehrer und Engel für euch bedeuteten.

Eine jede inkarnierte Seele ist ausgesandt aus der Erfahrung der Lichtebenen in die Getrenntheit, wo Polarität bedeutet, das eine *oder* das andere zu umarmen. Nun ist die Fähigkeit, beides zu sehen und zu lieben, in jenem Teil von euch verblieben, der der Einfachheit halber als das Höhere Selbst bezeichnet wird. Dieses Höhere Selbst ist symbolisiert durch die Sonne, wo alle Erfahrungen ausgegangen sind und wieder zusammengeführt werden ins Eins. Doch ist die Sonne nicht ein Wesen, lieber Mensch. Vielleicht wundert es dich, wenn wir sagen, dass jeder Einzelne von euch eine andere Sonne sieht, die dort am Erdenhimmel für dich leuchtet.

Dies ist ein Geheimnis, das erst in dieser Zeit für dich offenbar werden kann. Die Sonne am Himmel verkörpert für dich jenen Anteil von dir, der aus der Ewigkeit beobachtend, liebend und nährend deinen irdischen Leib und deine materiellen sowie nicht-physischen Belange mit heiligem Licht, Lebenskraft und Energie versorgt. Die Sonne speichert all deine Erfahrungen und ist der materiell sichtbare Ausdruck deines Höheren Selbsts. Viele Kanäle laufen von deiner Sonne zu anderen Sonnen, die weitere, höhere Lichtebenen repräsentieren, und zwar bis zur Unendlichkeit, die in all deinen Zellen das Zentrum bildet. So ist deine heilige Verbindung zur Sonne ein Abbild der Ursonne *in dir*. Siehst du dich als Mensch in einem physischen Körper an, so erzeugen deine Organe Bilder und Vorstellungen einer Welt der Stofflichkeit, die es an und für sich nicht gibt, denn die Wirklichkeit ist Energie, und Energie manifestiert sich in Schwingung und Klang. Deine Gedanken, die Schöpfungen kreieren, gebären den Klang in die Form. Diesen Prozess zu verstehen, ist das Potenzial deiner Zukunft.

Denn nun bist du bewusster Schöpfer deiner irdischen Wahrheit und Wirklichkeit.

Ihr Menschen als Rasse seid geplant und auf diesen Planeten gesät worden von Bewusstsein außerhalb von euch. Ihr seid Schöpfungen anderer Schöpfer, die das Leben heiligen durch die Liebe, in der sie euch kreierten. Denn das Leben ist unendlich und vermehrt sich immerfort, wie ihr an eurer Fauna und Flora gut beobachten könnt. Wie sollte das mit anderen kosmischen Einheiten anders sein?

Wir alle, du und ich eingeschlossen, sind Schöpfer und Geschöpf zugleich. Die Heiligkeit allen Lebens ist das Erschaffen. Die Schöpferkraft fließt durch alle Wesen, und ein jedes Wesen bündelt sie auf seine Weise zu einer neuen Huldigung der formgebenden, allumfassenden und alles beinhaltenden Wahrheit Gottes. Gott teilt sich und vermehrt sich, doch alle Wesen atmen, und jeder Atemzug ist das vereinende Element zwischen allen Gestalten.

So ist das Leben beschaffen.

Doch was ist mit den Gedankenformen, die nicht atmen, was ist mit der scheinbar leblosen Substanz der Materie, die in deinen Augen tot zu sein scheint? Es gibt nichts Totes. Der Tod ist eine Illusion auf einer Ebene der Erfahrung von Verwandlung in dualen Systemen. Er ist nicht die Wahrheit über dich und alles, was ist, atmet und lebt in seiner ureigensten, rhythmischen Verbindung mit der Schöpferkraft. Sonnen und Sterne, Bakterien und Mikroben, Moleküle, Atome, Elektronen, Photonen: alles schwingt!

Jede Schwingung ist auf einer bestimmten Frequenzebene anders zu erfahren. Der Kosmische Atem beseelt alles, der Urschöpfer erzeugt unablässig Rhythmus und Harmonie, Einheit und Verschiedenheit, Klänge in Klängen durch Schwingung aufgrund von Energie. So ist das Leben beschaffen, und du selbst bist ein Teil davon, in Zeit und Raum und Ewigkeit.

Wenn du jetzt in diesem Bewusstsein beginnst, die Übereinstimmung mit deinem Höheren Selbst-Licht in dir zu erfahren, erhältst du die Möglichkeit, anderes Leben durch deine Liebe zu ordnen und ebenfalls in diesen Frequenzbereich hineinzubringen. Es geschieht in einer Eigenschaft des Umarmens, die auch physischer Ausdruck der innigen Liebe ist.

Hier siehst du die Entsprechung auf allen Ebenen sehr deutlich. Ihr seid ein kosmisches Ereignis, Menschen, nur wusstet ihr bisher nichts darüber. Die Gesetzmäßigkeit „Wie oben, so unten" ist seit jeher unter euch bekannt, und wir kommen herein, um diese Wahrheit zu bestätigen – als eure

Freunde und liebenden Eltern aus der Sonne, die auch uns Heimat und Einklang ist. Alle Sonnen sind untereinander verbunden und kommunizieren das Wissen, die Weisheit und die Summe der Erfahrung. Es ist ein gigantisches Lichtnetz, dessen Mittelpunkt du selbst bist. Wir speisen in dieses Lichtnetz die Informationen aus unserem Erfahrungsbereich und den uns zugänglichen Dimensionen, die von euch als „höhere" betrachtet werden. Diese Wahrnehmung wird sich infolge der Verwandlung, die jetzt geschieht, verändern, und wir werden uns wiedervereinigen als Liebende.

Eltern und Kinder sind Gefäße des einen, unendlichen Bewusstseins, das sich in allen Manifestationen erfährt. Wir lieben euch inniglich und erwarten in Freude, inniglicher, tiefer, wahrer, überquellender Freude dein Erwachen im Bewusstsein der heiligen Verbindung, die ist, war und immer sein wird.

Die An-Nuhim am 7. 5. 2009

Auflösung der Schuld(en)

Wenn du erfährst und realisierst, dass du und das Universum eins „bist“, kommst du an die Schwelle der letzten Entscheidung, zu dir selbst zu stehen. Intensive und anhaltende Schuldgefühle haben Trennung und Aufspaltung, Zersplitterung, Vereinzelung und Erfahrungswege geschaffen, die nun in der Welle der Ermächtigung auf jedwede mögliche Weise, die seit Anfang der Zeiten kreiert worden ist, zusammenfließen. Das große Finale bringt noch einmal die Angst hervor, die Trennung, die Erfahrung sowie das Fühlen des Getrennt-Seins, und im Dämmern der letzten Erkenntnis eine Gesamtsumme jeglicher Schuldgefühle, die das Universum einer dualen Erfahrung für dich birgt.

Verstehe, dass niemals etwas anderes war, ist und sein wird als Gott.

Für Gott und in Gott sind alle Wege gut.

Alles, was Gott tut, ist wohl getan und du als Teil einer sich in Wiedervereinigung befindenden Erfahrungsdimension hast nie, niemals und in keiner Weise aus der Perspektive der Einheit gesehen, etwas „falsch“ gemacht. Das ist nicht möglich. Völlig ausgeschlossen. Nichts war, ist und wird jemals falsch sein. Ein jeder handelt innerhalb seiner Welt als voll ermächtigter Anteil des Göttlichen, um sich selbst zu erkennen und zu erfahren. Was auch immer in deinem, diesem und in anderen Universen erschaffen, erfahren, erlitten und erlebt wurde, befindet sich innerhalb des einen Gesetzes der Freiheit, die das Zulassen der Unendlichen Liebe bedeutet.

Jeder kann nur sich selbst erlösen und freisprechen von Schuld, denn jenseits von dir gibt es nichts und niemanden, der in diesen Kategorien über dich denkt, außer um deine eigene Einstellung dir selbst gegenüber in Verkörperung zu spiegeln.

Um also Schuldgefühle in dir und das Prinzip der Schuld als solches aufzulösen, ist die vollständige Erkenntnis über dich selbst als den Schöpfer deiner Erfahrung notwendig. Auch alles das Kollektiv betreffende vermeintliche Versagen tritt am Ende ins Bewusstsein. Das kann erschütternd, überwältigend und lähmend sein. Es holt die Angst mit hoch, die noch in deinen Zellen gespeichert war.

Ähnlich wie bei der Todesangst kannst du überhaupt nichts tun, um diesen Prozess zu verhindern oder anzuhalten. Ihr alle seid Anteile des Einen verkörperten Bewusstseins, das in voller Absicht die Dualität als Spielfeld der Erfahrungen erschaffen hat. Du kommst nach Hause, indem du dich als voll dafür verantwortlich erkennst und anerkennst und alle damit verbundenen Ängste und Schuldgefühle vergibst.

Nur du kannst dies tun, von Herz zu Herz, in deinem Herzen.

Damit erlischt alle Seelenqual, und die Tür zur Einheit öffnet sich.

In gänzlicher Aufrichtigkeit deines Herzens zu vergeben, bedeutet, alle Restbestände von Trennung und Getrennt-Sein abzulegen. Du legst sie ab an der Schwelle, die die Erfahrung der Einheit als voll bewusster, heiliger und herrlicher Anteil der Quelle in sich entfaltet. Die Schwelle *ist* das Tor.

Wenn das Konzept von „Zuhause" für dich bedeutet, dass du irgendwohin gehen musst, hast du noch nicht verstanden, dass das Universum kein Ort ist, obwohl du es in der dreidimensionalen Erfahrung so siehst.

Raum und Zeit sind ein Klang.

Das war Konfuzius, Hüter des Zweiten Strahls der Weisheit und Erkenntnis in Zusammenarbeit mit den An-Nuhim am 17. 5. 2009

Das Urteil transzendieren

Die Unsicherheit in dir bezüglich deines Werts und deiner Würdigkeit, in das Licht einzugehen, ist groß, lieber Mensch, und das ist bei jedem von euch so.

Weil in einem dualen System, wie die Erde es lange Zeit für dich repräsentiert hat und auch der menschliche Körper, in dem du bist, atmest, fühlst und denkst, diesem angehört, ist das so. Damit sich das nun ändert, denn die Zeit der Befreiung und Transformation in höhere Schwingungsebenen verwirklicht sich mit großer Schnelligkeit, ist es wichtig, ein Bewusstsein dafür zu entwickeln, dass heute nicht gleich gestern oder gar vorgestern ist.

Die Bahnen in deinem Gehirn sind an vielen, vielen Stellen des Nein und der Ablehnung deiner selbst einst angehalten worden. Wir haben schon einmal erklärt, dass das neue Licht, das jetzt zur Erde und in alle Systeme dringt, eine erhöhte Kraft beinhaltet, dein Bewusstsein anzuheben. Gerade deswegen erlebst du diese „Schmerzpunkte" mit unausweichlicher Gewissheit wieder und wieder, um dein Nein in ein Ja umzuwandeln, sodass die Bahn fortgesetzt werden und höherdimensionale Lichtkörperschichten erreichen kann, um die beiden Systeme miteinander zu verknüpfen.

Die Lösung dafür befindet sich in deinem Dritten Auge. Dort ist der Ort, an dem ein höheres Bewusstsein als die

Polarität seit jeher angesiedelt ist. Dort erhältst du Einsicht, Weitsicht und die Befähigung, aus einer neuen Perspektive dein So-Sein anzunehmen. Denn in den Ebenen jenseits von dir existiert kein Urteil.

Urteile sind übernommene, auf Erfahrung der Ablehnung basierende Programme, die an sich kein Leben haben und beinhalten, sondern das Leben an dieser Stelle verplomben, sodass ein Stau entsteht, der sich gegen dich selbst richtet und in der Folge nach innen und außen auswirkt.

Alles Leben trägt die Eigenschaft, sich zu reproduzieren. Ihr schreibt Teile der kosmischen DNA nicht ab, weil euer System an den Stellen angehalten wurde durch Ablehnung, Urteil und Verurteilt-werden. Dieses zu wiederholen, ist die dir bekannte Erfahrungswelt.

Deshalb ist der Prozess des Erwachens so, dass ihr die Liebe wiederfindet, die tatsächlich alles Leben einheitlich und ganzheitlich umfängt: auch dich mit deinen Urteilen. Wie die Sonne das Eis schmilzt, so verflüssigen sich die kristallinen Strukturen, wenn du bereit bist, das Licht dort, wo es immer weh getan hat, einfließen zu lassen. Du kannst es in einem Lachen befreien, mit Tränen und Tönen, und in den meisten Fällen wird es nötig sein, auszudrücken, was sich da in Bewegung setzt, damit die Energie, die frei wird, nicht in dir selbst durch erneute Hemmung und Urteil an anderer Stelle Bedrückung und weiteres Leiden hervorruft.

Denn wie ein Ballon, der weiter und weiter aufgeblasen wird, irgendwann platzen muss, ist auch der menschliche Körper so beschaffen, dass alles, was die Fähigkeit der Synergie blockiert, irgendwann nach außen katapultiert wird....ins Außen als Manifestation ursprünglich flüssiger, fließender Energie. So erschaffst du das Innen im Außen wieder und kannst den Weg jederzeit in beide Richtungen gehen, also eine jede deiner Schöpfungen, die sich materialisiert oder manifestiert hat, zurücknehmen und auflösen.

Das Herz hat hier eine zentrale Bedeutung. Das Herz mit dem Dritten Auge zu verbinden, befähigt dich, deine neue Sichtweise nicht nur in deinen Körper einfließen zu lassen, sondern ebenfalls das Leben um dich damit zu „informieren".

Verschiedene Netzwerke sind es, die alles Leben untereinander und miteinander aus der Einheit in die scheinbar getrennt voneinander bestehende Manifestation als stoffliche, materielle Körper verdichten durch Klang.

Eine jegliche Änderung an und in deinen Strukturen fließt über das Herz in alle Netzwerke ein, denn das Herz ist das körperliche Organ der Liebe – die zentrale Schaltstelle, in der alle Ebenen und Dimensionen einschließlich der Zeitlinien im Eins zusammenfließen. Wenn sich Menschen gemeinsam in diesen Herzensraum begeben, um ihre eigene Heilung dem Leben selbst zufließen zu lassen, erschaffen sie eine neue Komponente im Alles-Was-Ist, die auf alle Seelen und Dimensionen einwirkt. Das war von Anfang an das Ziel im „Projekt Menschheit" und wir feiern euch auf das Innigste, ihr Lieben, auch wenn ihr noch nichts davon merkt. Es ist eine Freude in unseren Reichen, das Erwachen mit euch zu feiern, und je mehr ihr euch eurer wirklichen Größe öffnet, um so mehr werdet ihr davon wahrnehmen.

Wir lieben euch.

Dies ist eine großartige Zeit, und großartig bist du, lieber Mensch, der sich bereitgefunden hat, all das auf sich zu nehmen, was nötig war, um die Energie der Befreiung, die jetzt durch dich erschaffen wird, ins Leben zu bringen. Du bist verkörperte Weisheit von Äonen. Du bist der Schlüssel zum Heiligen Herzen. Du bist unendliche Liebe und Licht in Fülle,

und wir freuen uns, wir freuen uns auf den Tag, an dem du
das durch dich erfährst...

Die Weiße Bruderschaft
am 6. 6. 2009

In der Liebe gibt es kein Urteil

Ihr alle habt mannigfaltige Zyklen von Inkarnationen durchlaufen. Diese gestaltet ihr selbst – aufgrund eurer eigenen Entscheidungen. Jeder, Liebe, Lieber, wählt den Spielraum seiner Erfahrungen selbst aus von einer Perspektive, die sich außerhalb des Körperbewusstseins, das dein jetziges, irdisches Ich erzeugt, befindet.

Von dort aus gesehen ist Schmerz keine Realität an sich, sondern eine zu erzeugende Erfahrung, die, wenn das Ich entscheidet, genug davon zu haben, auch leicht aufgelöst werden kann. Deshalb, weil in den Welten jenseits der Materie und der Inkarnation nur Bewusstsein existiert, ist es eine große Ehre für alle Lebewesen, die einen Körper bewohnen, durch diesen die gesamte Bandbreite eines bestimmten Erfahrungsraumes zu erforschen.

Dem Schmerz kommt eine Sonderstellung zu.

Ganze Gefühlsrealitäten gehen in die Auflösung, wenn das Bewusstsein sich wandelt, das hast du schon erfahren. Das Leid vieler Wesen hat Abdrücke hinterlassen in den Gefühlskörpern der Erde, die sich jetzt ebenfalls wandelt und als Planet ein höheres Bewusstsein einnimmt, was bedeutet, dass sich ihre Frequenz und Umlaufbahn um die Sonne ändert. Wie eine Wolke lasst ihr als Gesamtes die schmerzhafte Erfahrung hinter euch.

Doch um den Schmerz aufzulösen, ist es wichtig, ihn als selbst gewählte Erfahrung zu erkennen. Also: Wie kommt das Leid eigentlich zustande? Erinnere dich, dass du in eine von vielen Persönlichkeiten geschlüpft bist, die dein jetziges „Ich" wurde. Du hast das *Setting* deiner Geburt gewählt, das aufgrund relativ vorhersehbarer Umstände zu einer bestimmten Art von Einstellungen, Haltungen und Gefühlsprägungen geführt hat und dir ermöglichte, genau nach Plan einen Katalog von Erfahrungen zu sammeln, in dem das Ich-Bewusstsein nun „herumschwimmt". Für alle anderen hier gilt das auch, selbst wenn sie von anderen Planeten, aus anderen Zyklen und sogar aus anderen Universen gekommen sind. In dem Moment, wo du einen wie auch immer gearteten materiellen Körper bewohnst, unterliegst du den Gesetzen dieses Erfahrungsraumes, in diesem Fall denen der jetzigen Erde. Hier bist du also, mit dem speziellen Anteil am Gesamtbewusstsein, den zu erfahren du ausgewählt hattest. Und jeder andere auch.

Die Zyklen der Angst, die die Erde als Planet durchlaufen hat, bieten genug „Zündstoff" für schmerzliche und traumatische Erfahrung. Erinnert euch an die Zeit der Ritter, die kriegerischen Auseinandersetzungen einst und heute, wo jeder einen ganz klar voneinander abgegrenzten Ehrenkodex zu vertreten hatte und mit seiner Meinung, Haltung und Einstellung auf natürliche Weise im Recht war, ungeachtet dessen, wie viel Leid dadurch einem anderen zugefügt wurde. Wir nennen absichtlich das Rittertum, da Ruhm und Ehre unter strengen Regeln erlangt und vertreten wurden. Der heutige Abstand zu dieser Phase menschlicher Geschichte lässt es leicht als Spiel erkennen, und als solches lernen die Kinder der neuen Zeit, was einst bitterer Ernst für die Inkarnierten gewesen ist.

Wenn du in deinem Zyklus von Erfahrungen zurückblickst, so findest du in diesem Leben und darüber hinaus angenehme und unangenehme Erinnerungen. Die angenehmen lässt du stehen, und die unangenehmen führen zu irgendeiner Art von Angst und Vermeidungshaltung, die sich so lange auswirken, bis du dich daraus befreist. Alle beiden Arten von Erfahrung haben dich zu der Person gemacht, die du heute bist. Die Eigenschaften, die du anderen von dir zeigst und wie du auf sie reagierst, wurzeln in diesem System deiner Erinnerungen; bewusst und unbewusst.

Was du jetzt wählst, Lieber, Liebe, wird absolut davon bestimmt, welche Vorlieben und Abneigungen du dir erworben hast, und das wiederum erschafft den Kontext bzw. die Rahmenbedingungen deiner jetzigen Erfahrung.

Man kann nicht sagen, dass der Versuch, schmerzhafte bzw. Leid erzeugende Erfahrung zu vermeiden, tatsächlich jemals erfolgreich gewesen ist. So haben sich die Umstände, in denen ihr seid, zwar verändert im Vergleich zu früheren Zeiten, aber das Gefühlsspektrum beinhaltet immer noch die Sorge um das Auskommen, Angst vor Bestrafung, Verfolgung und jedweder Art von körperlicher Versehrtheit bis hin zum Tod. In den Ländern der Erde, wo kriegerische Auseinandersetzungen aufbranden, gehört auch die Angst um Leib und Leben wieder zur täglichen Erfahrung. Ebenfalls eine Rolle spielt überall noch der Zwiespalt zwischen Männern und Frauen, in dem sich wiederum mannigfaltige Angstpotenziale befinden. Warum ist das so?

Vertausche die Bedingtheit mit der Unbedingtheit. Erfahre dich als umfassend. Umfasse den Schmerz, umfasse die Erde und erkenne dich an als Mitschöpfer des Plans. Nur so wird sich das Rätsel für dich lösen.

Der Unterschied besteht in deiner Beziehung zu dir selbst.

Du bist alle Ichs in deinem Traum, nur zeitverschoben. So lernst du jede Perspektive und jegliche Konstellation kennen, und die Erfahrung, die dadurch erzeugt wird, nährt die planetaren und kosmischen Ebenen.

Kann denn der Schmerz eine Nahrung sein? Auch was du täglich zu dir nimmst, Lieber, Liebe, ist nicht alles süß. Es gibt eine Bandbreite, ein Spektrum von Geschmack.

Die Ehre des Schöpfers äußert sich in vielfältigen Manifestationen, die sich alle voneinander unterscheiden. Es ist das Wunder des Lebens, das sich hier offenbart.

Der Schmerz ist nur Ausdruck von Ablehnung auf einer materiellen Ebene. Denke darüber nach.

Es besteht keine Notwendigkeit mehr, ihn wieder zu erzeugen, ihn wiederzuerschaffen, wenn du aus dem Karussell aussteigst. Du lässt ihn zurück, wie eine Wolke. Dann bricht das innere Licht strahlend hervor und löst die Wolke auf. So einfach ist das.

Es lieben dich die kosmischen Meister und der Karmische Rat. Wir sind an diesem Werk beteiligt, indem wir die Auflösung vornehmen. Unsere Aufgabe ist es, das Licht in die Siegel zu leiten, wodurch sie gelöst werden. Ein jedes karmisches Siegel, das du in dieser Weise für dich auflöst, erlaubt dir, mehr in der Liebe und in der Freiheit zu sein! Das bedeutet, ein Teil deiner Unendlichkeit kehrt an dieser Stelle zu dir zurück. Darüber hinaus lösen die Engel der Gnade alle Schmerzkörperschichten auf, in denen dieses Siegel verankert war. Auch auf den kollektiven Ebenen gibt es solche Siegel, die in dem entsprechenden Bewusstsein gelöst werden können. Leid, Not und Bedrückung finden überall ein Ende, wenn wir gemeinsam mit euch nun diese Arbeit verrichten werden. Die Voraussetzung ist jedoch, dass du in deinem eigenen Prozess die Schmerzgrenze überwunden hast, was durch Verständnis, Hingabe und Anerkennung geschieht.

Wir lieben dich.

Die Elohim des kosmischen Strahls der Gnade und der Befreiung am 4. 3. 2009

Liebendes Bewusstsein

Das ewige Bewusstsein verströmt sich alles durchdringend und unablässig.

Heute bist du ein individualisiertes Ich.

Als solches erfährst du dich in einer Persönlichkeit, einer Person, die du bist. Dies ist Absicht, und es ist Liebe, Gnade, Freude, die dich ins Leben brachten.

Siehe, du bist unendlich und weise und großartig. Du bist alles, was du je warst und sein wirst in einem einzigen, ewigen, unendlichen Augenblick.

Die menschliche Erfahrung ist ein winziger Ausschnitt des Ganzen.

Außer als Mensch bist du in allen anderen Wesen, Ebenen, Erfahrungswelten und Bewusstseinsstufen verkörpert, auch wenn du jetzt nicht verstehst, was das bedeutet.

Unendlichkeit heißt, es gibt keine Zeit.

In der Unendlichkeit ist Zeit für alles, was du je erfahren, erschaffen und erleben wolltest als ein Bewusstsein, das du warst, bist und sein wirst.

Hast du gewählt, ein Mensch zu sein – und das hast du, sonst wärst du nicht hier –, bist du in der einzigartigen Situation und Position, *in dieser Zeit* dein Bewusstsein zu vereinen.

Dies ist möglich geworden, weil das universale Bewusstsein diese Entscheidung getroffen hat. Hast du alle deine

Lebensausdrücke annehmen und lieben gelernt, geschieht dies automatisch.

Wenn ich Liebe bin, wieso muss ich Liebe denn lernen?

Ein kosmisches Bewusstsein bedarf keiner Unterweisung. Das ist richtig. Der Weg, den du mit der Menschwerdung in einem materiellen Universum zu gehen bereit warst, ist jedoch einer, der neues Bewusstsein für das Ganze zur Verfügung stellt. Du bist ausgegangen als ein winziger Lichtfunke des großen Lichts. In verschiedenen Stufen deines Bewusstseins bist du immer noch eins mit allem, da die Einheit niemals aufgehoben werden kann. Licht und Bewusstsein IST alles Leben, bis hinein in die Stofflichkeit, alle Ebenen durch Klang und Schwingung der Einen Liebe bildend. Etwas gibt dem Ganzen die Form, und was ist das? Wille, Entscheidung. Jede Entscheidung ist automatisch ein Prozess der Wahl, das Wählen einer Ausprägung von Erfahrung. So entfernt sich das Bewusstsein mit jeder Wahl anscheinend aus dem alles umfassenden Einen in eine scheinbare Ebene des So-Seins. Ohne das Eine wäre diese Erfahrung nicht. Setze den Weg in Gedanken fort, und du erreichst einen Punkt scheinbar vollständiger Trennung im Erschaffen eigener, losgelöster Welten, die mit dem göttlichen Willen des Ganzen nicht harmonisch, sondern phasenverschoben sind. Viele Drehungen innerhalb des Kosmos erzeugen Schwingungswelten und -ebenen, die den euren völlig fremd sind, und dennoch für die sie erfahrenden Bewusstseine heimatlich.

So habt auch ihr euch mit der Dualität so innig verbunden, dass das ursprüngliche kosmische Prinzip der Einheitlichkeit nur im Außen erfahren und gesehen werden konnte. Die Geschichte auf der Erde bezeugt, dass Generationen über Generationen Einheitlichkeit und Vollkommenheit des Ich als das Ich Bin nicht mehr gekannt und anerkannt haben.

Wie konnte dies geschehen, und wozu dient das Ganze?

Es ist eine innige Sehnsucht dem Leben zu eigen, alles zu haben, zu umfangen und zu erfahren, was möglich ist. Das, was möglich ist, wird fortwährend kreiert. Wie ereignet sich dieser Schöpfungsprozess? Durch erschaffendes Bewusstsein. So gehen alle Bewusstseinsfunken aus der Quelle in die Erfahrung ihrer ureigensten Schöpferkraft, die sich gestaltet und zeigt in ihren Schöpfungen. Dies erzeugt alles, was du dir vorstellen kannst und alles, was jemals ein Wesen, in was auch immer für einer Welt und Ebene, sich vorgestellt hat. Deshalb sagt ihr, das Universum dehne sich aus. Es dehnt sich nicht nur aus, es teilt und verzweigt sich in unendlichen Variationen, Bandbreiten und Frequenzen nach innen und nach außen. Und alles klingt, atmet und lebt!

Brahma atman – ich bin das Erschaffende.

Du als Mensch bist ausgestattet mit Schöpferkraft, denn du bist eins mit der Quelle und erfährst dich selbst im Spiegel deiner nach außen projizierten Vorstellung der Welt, wie sie für dich ist.

Nun beginnt der Prozess des Zurück-Liebens. Du liebst es, diese Erfahrung zu sein, sonst hättest du sie nicht aus freiem Willen gewählt. Wenn deine täglichen Gefühle etwas anderes signalisieren, so achte genau darauf, denn du bist tatsächlich hier aus Liebe – als ein Teil der unendlichen Liebe, die alles *ist* und alles umschließt. Diese Wahrheit anzuerkennen, eröffnet dir neue Möglichkeiten. Der Funke in deinem Inneren, die Herzflamme, das Licht der Quelle, möchte eine Verbindung in alle Richtungen kreieren, denn du kommst aus der Ewigkeit, die überall in dir und um dich repräsentiert ist. So sei dieses Licht und lenke dein Bewusstsein hinein, dass die Erfahrungsräume im Ich Bin für dich in den Lebensausdruck gelangen, den du jetzt und hier als Mensch zu einer freiheitlichen, ganzheitlichen und freudvollen, seligmachenden Erfahrung ausgestalten kannst.

Nachdem das Licht der Quelle durch dich zur vollständigen Erkenntnis ihrer selbst als menschliches Individuum gefunden hat, wirst du in die Gemeinschaft der vereinigten Selbste aufgenommen, die auch eine Ebene des Bewusstseins repräsentieren. Dann bist du eins mit uns und wirkst als Aufgestiegene/r Meister/in mit dem Planeten, der als Lebewesen ein Teil von dir ist.

Vielleicht hast du bisher geglaubt, es sei umgekehrt?

Es ist lediglich ein Wechsel der Perspektive, der dein Leben und das des gesamten Universums verändert. Denn Alles, was Ist, ist Eins.

Du wählst, welchen Ausschnitt des Ganzen du betrachten willst, und unter welchen Voraussetzungen, menschlich beschrieben: mit welcher Brille auf der Nase du das tust. Du hast die vollständige Freiheit, dein Bewusstsein auszudehnen und mit dem Licht jeder Ebene zu verbinden, lieber erleuchteter, aufgestiegener Mensch. Das ist die Qualität des neuen Seins auf der Erde und in vielen Dimensionen dieses Universums. Die ganzheitliche Liebe urteilt nicht. Noch einmal: Die ursprüngliche Verbindung mit Gott, mit dem Licht, ist immer vorhanden und in allem repräsentiert. Alles lebt. Du kannst als Schöpfer mit diesem Leben so umgehen, wie du es für richtig hältst. Es existiert kein Urteil darüber.

Das waren die An-Nuhim
am 17. 6. 2009

Der Kristallkörper

Das Bewusstsein schafft Fäden biologisch reproduzierbarer Einheiten: die DNA.

Aus der DNA entsteht holografisch ein Körper, dessen stoffliche Bestandteile von feinstofflichem Leben durchdrungen sind. Das biologische Leben kommuniziert miteinander auf der Basis von Kohlenstoff. Silizium entspricht einer mineralischen Ordnung. Hier werden Molekularstrukturen ins Leben bewegt, auf eine Weise, die nur und ausschließlich auf der Anziehung gleicher Schwingungsmuster basiert.

Die Formen sind immer gleich, weil sie sich innerhalb der kristallinen Matrix nach festen, unveränderlichen Vorgaben anordnen.

Ein solches System kann Bilder projizieren, aber nicht erleben und fühlen. Dazu benötigt man einen auf Sinnesreize reagierenden biologischen Körper. In Wirklichkeit ergänzen sich beide Systeme und sind nicht voneinander getrennt.

Dein Kristallkörper ist derjenige Wesens- und Bewusstseinsanteil, aus dem das Leben in die stofflich-biologischen Körper transferiert wird.

Beide durchdringen einander.

Ihr seid Wesen aus Silizium *und* Kohlenstoff.

Die kristalline Matrix ist der Bauplan für alles Leben und für alle Körper. Ein Teil des Bewusstseins von Allem-Was-Ist drückt sich auf diese Weise aus. So seid ihr nicht getrennt von dem Reich der Mineralien, dessen Bestandteile auf vielfältige Weise zur Erschaffung eigener bzw. scheinbar eigener Welten von euch genutzt werden. Die Technologie des 20. Jahrhunderts ist in Wirklichkeit die Schwelle zu einer bahnbrechenden Erkenntnis IN euch. Wenn ihr beginnt, mit der Technologie aus eurer eigenen kristallinen Substanz heraus eine Herzensverbindung einzugehen, reagieren *alle* Moleküle und geraten in einen Schwingungskreislauf, der höhere Bewusstseinsformen mit einbezieht in das, was ihr Leben nennt. Alles, was ist, ist eins.

Es gibt nicht getrennt von der Physis ein weiteres, andersartiges Universum ohne biologische Repräsentation.

Ihr *seid* die holografische Form dessen, was das Universum in all den verschiedenen Facetten und Wesen mit deren Erfahrungsaustausch beinhaltet.

Auch wenn das schwer zu verstehen ist und du dich „da unten in der Materie" glaubst.

Bedenke bitte einmal, dass Strahlung in alle Richtungen wirkt, von überallher kommend und überallhin zu gehen scheint, aber in einem Zentrum gebündelt wird.

Dieses Zentrum ist das hellste, strahlendste, intensivste Licht – ohne Abschwächung.

Licht und Bewusstsein ist eins.

Das Licht, als das du dich erfährst, ist dein eigenes Bewusstsein, und du sendest es hinaus als Schwingung, als Klang, und dieser Klang erschafft die Universen in Zeit und Raum, und zwar *alle*.

Es gibt nichts, das getrennt ist von deiner ICH-BIN-Gegenwart, die du bist.

Jeder von euch ist das Ganze, das sich selbst auf seine Weise erfährt.

Deine Bezugspunkte darin sind eine vollkommen individuelle Kombination von Gegebenheiten und Möglichkeiten. Jeder Einzelne in Zeit und Raum ist ein Kaleidoskop, in dessen Einstellung und Kalibrierung das *Licht* individuelle Universen erschafft, die alle Lebensformen, Ideen und Wesen völlig maßstabsgetreu abbilden und aus materieller Substanz kondensieren.

Den Schlüssel dazu bildet die DNS. Woher kommt sie?

Winzige Teilchen jenseits der Atome beinhalten Bewusstsein aus dem kosmischen, universellen Licht, das *alles* ist. Das Licht ist angeordnet in Geometrien, die eigentlich Klänge sind. Über verschiedene Achsen entsteht ein kristallines „Gebäude" aus Klang, das eine Struktur produziert, die sich spiralförmig erweitert zu einem klingenden Gebilde in Bewegung. Der Raum zwischen der sich bildenden Struktur ist ebenfalls voll von Licht und Information, so wie in dem Symbol des Yin-Yang-Zeichens. Das ist der Anfang. Er geschieht überall gleichzeitig. Die DNA kondensiert Das-Was-Ist und bringt Bewusstsein in eine biologisch reproduzierbare Form.

Für euch in der Materie taucht sie scheinbar aus dem Nichts auf. Doch wir auf den Ebenen innerhalb der Lichtachsen singen sie ins Leben, einfach so, durch Bewusstsein.

Unser Bewusstsein ist dem euren verwandt, denn alles Leben entstammt dem Einen. So sind wir diejenigen, die alle Schwingungen, die das biologische Leben hervorrufen, zu Dichte verlangsamen, ohne deren Eigenschaften zu verändern. Die vielen Lebensformen haben Zeitfenster und Ebenen gewählt, in denen sie sich verwirklichen wollen. Es ist so, wie wenn du erst eine Trittleiter baust, und dann kletterst du nach Belieben rauf und runter.

Ist das nicht auch ein passender Vergleich zur DNA, die auf einer Betrachtungsebene so aussieht?

Während du dein Bewusstsein in die eine oder andere Richtung hin ausdehnst, was du als Mensch mit einem freien Willen jederzeit in der Lage zu wählen bist, reagiert deine Biologie präzise auf entsprechende Weise. So rekonstruiert und aktiviert ein Teil deines Selbsts die Abschnitte deiner DNA, die, um die Erfahrung in der Dualität zu kreieren, von dir selbst zu diesem Zweck blockiert worden waren.

Dadurch verändert sich der Klang, der du bist, und du gewinnst neue Sichtweisen einschließlich deren Auswirkung, die ebenfalls in Resonanz zu den Schöpfer-Ebenen für neues Bewusstsein sind. Hier ist der Schlüssel zur nächsten Tür.

Es grüßen dich die Elohim des 7. Strahls der Freude
am 27. 6. 2009

Eine neue Zeit

Hast du festgestellt, dass Lösungen leichter zu dir kommen in letzter Zeit, aber nicht mehr so wie früher?

Wenn ich dich ansehe, lieber Leser, ist das der Fall, ja, tatsächlich. Ich kann dich sehen und du mich auch, nur ist dir das in der Regel nicht bewusst. Der Unterschied liegt in der Wahrnehmung, die wir beide: du und ich, voneinander haben.

Während du mich als das Energiemuster fühlst, das ich bin, und die von mir ausgewählten Worte auf mehreren energetischen Ebenen vermitteln, was ich zu teilen gekommen bin, kannst du hiervon das meiste nicht sehen, jedenfalls nicht mit den physischen Augen. Und doch würde sich ein genau gleich lautender Text anders *anfühlen*, wenn dahinter ein anderer energetischer Kontext, sprich: Absender stünde.

Und darum geht es hier und jetzt im Besonderen, denn es betrifft deine sich nun verändernde Wahrnehmung. Und so benötigst du vermehrt gerade jetzt immer wieder Zeit, die frei ist von Verpflichtung, um dich mit der Veränderung deines Fühlens vertraut zu machen. Sei versichert, Lieber, Liebe, dass damit eine neue *Sichtweise* einhergeht.

So sehe ich die Veränderungen in deinem Energiefeld ebenso, wie ich sie fühle. Sie übermitteln sich in Klängen, die zusammengesetzt wechselnde Bilder ergeben. Diese sind je nach der Ebene, mit deren Hilfe ich sie entschlüssele, verschieden.

Wie du weißt, gibt es den kosmischen Klang, den Einklang, wo du eins bist mit allem und ohne Einschränkung schwingst.

Im Normalfall befindet sich diese Ebene jenseits deiner Erfahrung. Dort bist du reines Licht in unendlicher Ausdehnung. Du bist überall gleichzeitig: innen und außen, oben und unten, rechts, links, diagonal, quer, allumfassend und alles durchdringend.

Das ist die Ebene von *Spirit*, die Erfahrung im Eins.

Eine Rotation, die durch Absicht erzeugt wird, bringt dich ins Gewahrsein von Hier und Da, die erste Teilung entlang einer Lichtachse, und du bist beides zugleich.

Sei gewiss, die ganze Herrlichkeit ist dein Reich. Du vergisst es nur in der Physis, um Erfahrungen zu sammeln, bis du als eigenes, sich seiner selbst bewusstes Wesen allmählich erwachst, weil du bemerkst, dass diese Erfahrung – wie jede – nur eine Stufe ist. Die Sehnsucht nach deinem Höheren Selbst erwacht in dir, und du beginnst, die Regenbogenbrücke zu bilden. All dies findet *in dir* statt, doch du siehst und erlebst die Reflektion im Außen.

Alles, was erschaffen und erzeugt wurde, dient der Absicht von Erfahrung. Dies ist ein wichtiger Schlüssel für dein grundlegendes Verständnis Dessen-Was-Ist.

Kannst du dich selbst in der Erfahrung *ehren*, öffnet sich die dreizehnte Tür, und dieser Zyklus ist universell und wird in jeder Evolution beschrieben.

Und deine Sicht wird sich ausdehnen in die neue Dimension aus Licht hinein. Es bedarf einer Annäherung, einer Phase der Wandlung und der Vollendung, ehe dies der Fall ist. Somit befindest du dich auf der Schwelle, und in den Schwellen entscheidest du, wie lange jeweils die Phase des Zögerns für dich währt.

Verwirrung ist ein Charakteristikum der Schwellensituation, denn von dort hast du Zugang in viele Bereiche des Lebens. Du empfängst verwirrende Signale und Wahrnehmungen, die du nicht deuten kannst. Diese Schwellen effektiv zu nutzen, ist eine Fähigkeit, die du erst in dir aktivieren musst, und es obliegt der Zukunft, damit auf bewusste Weise zu arbeiten.

Zunächst ist es für dich sinnvoll in dieser Erfahrung, wo alle deine Werkzeuge und Strategien versagen, (und dennoch ist die bewusste Erfahrung des Zwischenraums ein Geschenk), Gelassenheit und Vertrauen zu erzeugen.

Jeder von euch hat ein bestimmtes Muster für sich selbst gewählt, diese Phase des Aufstiegs zu unterstützen.

So wisse, dass dies in Liebe und mit Absicht geschah.

Erinnere dich daran.

Erinnere dich der Liebe, die du bist.

Dann wird es immer noch verwirrend sein und so aussehen, als ändere sich nichts, aber die Liebe in dir ist der Antrieb, der Treibstoff, der dich über die Schwelle trägt. Und die Liebe in dir öffnet die verborgenen Codes, die dich zum richtigen Ort jenseits der Schwelle bringen: durch Resonanz deiner DNS mit der entsprechenden Raum-Zeit-Konfiguration.

Auch hier benötigst du eine Zeit der Anpassung, um deine Sinneswahrnehmungen zu entschlüsseln. Doch wie du dich mit einer neuen Umgebung vertraut machst, bis du dich zurechtfindest, wird auch der Dimensionswechsel auf diese Weise physisch und biologisch verarbeitet.

Es grüßt dich aus der Liebe, aus dem Licht

ORIN im Juli 2009

Alles ist Eins

Aus dem Eins bist du gekommen und im Eins bist du geborgen, aufgehoben für alle Zeit. Nichts kann dich trennen von dem, was du wirklich bist. Und diese Einheit Gottes oder der göttlichen Gegenwart ist manifestiert in der Kristallstruktur deines Höheren Selbsts, wobei diese wiederum nur der Empfänger von Signalen ist, die aus dem unendlichen Bewusstsein in die Form fließen, die Form bilden, erhalten und verändern in einer immerwährenden Ordnung von Rhythmus und Klang.

So bist du nicht nur in einer einzigen Form repräsentiert, sondern in einer Vielfalt physischer und nicht-physischer Strukturen, die deinen inneren Raum umgeben, um ihn zu halten als eine Bewusstsein entwickelnde Version des großen Ganzen.

„Nach-Hause-kommen" bedeutet, kleinere bzw. engere Strukturen aus Klangschwingung in den Akkord des Überselbst aufzulösen, sodass dich diese neue Frequenz im Eins übernimmt.

In dem dir Bekannten fühlt sich das an und sieht das so aus, als müsstest du alles zurücklassen. Denn nichts dieser Dichte, in der du zu leben und dich zu erfahren gewohnt warst, fügt sich der kosmischen Harmonie an, ohne durch eine vollständige Auflösung zu gehen, bei der dein physischer

Körper auf allen Ebenen die vergangenen Erfahrungen loslässt.

Warum ist das so?

Die Signale der Körperchemie bestimmen, welche Teile deiner DNS aktiv beteiligt sind an der Gestaltung deines Lebens. Dort findet Aktion, Reaktion und Interaktion statt, sowie Kommunikation mit allen anderen Lebewesen innerhalb und außerhalb der Physis.

Wenn du beginnst, ins Eins zurückzukehren über die bewusste Entscheidung deines individualisierten Selbst, hat dies chemische und hormonelle Umstellungen in deinem Körper zur Folge. Dies ist bekannt, du kannst es in den alten Schriften nachlesen. Alle diese Veränderungen heben die Frequenz deiner biophysikalischen Blase schrittweise an immer weniger Dichte erzeugende Klang- und Schwingungsspektren an.

Demzufolge lösen sich alle Blockierungen, die dich im Erfahren der dritten Dimension als Bewusstseinsebene gehalten haben, nun nach und nach auf.

Und wenn dir, dem Ich, das du bist, dies als eine Herausforderung erscheint, die du nicht bewältigen kannst, so wisse, dass es nichts zu bewältigen gibt.

Tatsächlich geschieht das vollautomatisch nach Gesetzen und Regeln, die allezeit die Tür von Zuhause öffnen und verschließen im Ein- und Ausatmen der Quelle, was nur eine Bewegung im Ozean allumfassender Liebe ist, sonst nichts.

Es gibt nichts zu fürchten, Geliebte.

Ihr seid gefangen in einem selbsterschaffenen Traum, und das Erwachen ist ein natürlicher Bestandteil des kosmischen Plans, der Bewusstsein um Bewusstsein hervorbringt und mit allem ausstattet, um zu wachsen, zu gedeihen und Leben zu erfahren.

Wisse, dass es immer du selbst bist, dem du begegnest.

Du bist Alles-Was-Ist.

Die Elohim des Goldenen Strahls
am 6. 9. 2009

Kosmos

In unendlicher Vielfalt zeigt das Leben sich deinen Augen, wenn du sie dafür öffnest, Geliebte, Geliebter, denn so steht es geschrieben aufgrund der Herrlichkeit, die du bist.

Als ein Klang, den du erzeugst in der Grundfrequenz aus den Heiligen Hallen des innersten Gottselbst, strömt aus dir hinaus Willen, Absicht und Schöpferkraft. Alle drei sind das Gerüst für die Häuser und Welten, die du dir baust, ewig und unveränderlich. Das Geflecht jedoch, das du webst, ist wandelbar, variabel, flexibel, nach deinen Wünschen formbar.

Hier bist du in einem menschlichen Körper inkarniert, doch deine Existenz ist nicht auf denselben beschränkt. Wie deine Hände in der Welt tätig sind, um deinen Willen auszuführen, ist es der biologische Teil von dir ebenso. Du verfügst über diesen Körper, dein Erdenkleid, als ein Werkzeug, das deinen Willen in die materielle Wirklichkeit hineinträgt. Alles in dieser physischen Blase ist Instrument, um dir zu dienen, und das Leben, das die Physis durchdringt, bist du, Seele, im Verbund mit Spirit, Geist. Das Formgebende ist der Geist und das Formerfüllende Seele.

Seele ist unendlich und unbegrenzt. Immer und ewig als unendliches Prinzip dessen, was ihr auf der Erde „weiblich" nennt. Die weibliche Kraft ist das Beseelende von allem, was atmet und lebt. Seele selbst hat keine Form.

Jeder Anteil der Seele ist Leben mit Bewusstsein, Lebendigkeit, Empfinden. Der Seele wohnt das Bestreben nach Ausdehnung inne.

Wenn du sagst: „Ich bin Seele", erzeugt das in dir den Klang, der die Anwesenheit des Lebens durch dich selbst ist. Dieser Klang verändert sich durch die Form. Entscheidest du dich, in deinem Körper aufzusteigen, prägen nicht-physische Anteile deines Bewusstseins ihre Frequenzen dem dir innewohnenden kosmisch-ordnenden Prinzip des Geistes auf, sodass durch die Verbindung mit den Licht-Ebenen höherer Dimensionen, die ebenfalls zu dir als eins in allem gehören, der Körper, in dem du anwesend bist, durch den du dich selbst und das, was du „dein Leben" nennst, erfährst, allmählich angehoben wird, damit er die höheren Aspekte in die Ebene deiner physischen Existenz hineinzieht.

Dies ist ein sehr komplexer Vorgang, der deine Individualität auf erhebende Weise in Einklang bringt mit allen anderen in der Physis befindlichen Seelenanteilen des Selbst.

Das Selbst ist ebenfalls du, der du bist. Ein Klang, der erzeugt wird durch Form.

Das Selbst ist umfassender als dein Einzel-Ich im Körper, man könnte sagen, es ist dein Ich-Bin in einem umfassenderen, ebenfalls bis in die Physis existenten Körper, der mehrere Bewusstseine vereint in einem einzigen, sich harmonisch zueinander verhaltenden Gruppenbewusstsein.

Wenn dieses Gruppenbewusstsein, von dem es genauso wie in dem dir bekannten Leben als einzelner Mensch viele gibt, beginnt, dein Einzel-Ich zu fühlen und umgekehrt, was über die harmonikale Seelenfrequenz geschieht, ist dies ein Vorgang, der dich mit heilender Liebe umgibt, berührt und durchdringt und viele Tränen auf beiden Seiten auslöst. Denn alle Aspekte der Seele sehnen sich nacheinander, wenn sie getrennt sind in der Erfahrung der Welten. Dies erklärt die Eigenschaften von Magnetismus: die Anziehungskraft zwischen zueinander hinstrebenden, physisch gewordenen Anteilen des Selbst.

Und so ist es eine Freude, die immer tiefere Freude in dir öffnet: wie ein Quell, der zu sprudeln beginnt und nicht mehr versiegt. Denn du bist heimgekehrt in deine Familie als vollständig bewusstes Einzelwesen, und du behältst deine Identität und Individualität jetzt auch weiterhin.

So bist du Teil des kosmischen Plans, warst niemals verloren, und keines deiner Kinder wird je verloren sein, denn alle sind Eins.

Das waren die Elohim des 5. Strahls der Vollkommenheit am 8. 9. 2009

Das Gesetz

Wir sind empfangende und erfahrende Wesen. Auch wenn das zu vielen Zeiten auf der Erde als Schwäche missdeutet wurde, ist es so, dass eine grundlegende Eigenschaft der Liebe das Teilen ist.

Das Teilen setzt Empfangen und Schenken an die Pole ein und desselben. Es ist die Freude der Existenz, die sich darin zeigt, und du bist ein Teil davon. In Wirklichkeit ist die Dualität nur eine Scheibe vor der Kugel: die zweidimensionale Betrachtungsweise eines umfassenden Seins.

Und so ist es eine Illusion zu glauben, dass einer von allen schwach sei, während andere im Gegensatz dazu stark sind. Das bezieht sich auf Gefühle, die Bestandteil der Erfahrung sind, die du neu und wirklich erschaffst, indem du das dazu Passende zu dir hin ziehst.

Wenn du dich öffnest und empfänglich bist, fließen Weisheit, Licht und Liebe von Äonen zu dir hin. Denkst du, du seist ein Schwächling, wenn du dieses Geschenk anzunehmen bereit bist?

Dann ist der Zeitpunkt für eine Revision gekommen.

Denn du bist ein Schöpfer, und alle Erfahrung, die du aufgrund deiner Auswahl in deine Wirklichkeit hineinziehst, hat schon eine eigene Existenz. Diese ist das Leben selbst, das sich durch deine Gedanken, Wünsche und Träume materialisiert.

Da du eins bist mit dem Leben, ist auch dies nicht von dir getrennt, Lieber, Liebe. Du erschaffst, was du erfährst, und du bist im Innen und im Außen deiner Wahrnehmung; so auch im Gegenüber und in aller Energie, die zu dir fließt, wenn du sie aufzunehmen bereit bist.

Die Trennung erfährst du tatsächlich durch die Vereinzelung der Aspekte, die im physikalischen Sinn einander neutral gegenüberstehen. Diese Neutralität verkehrt sich durch Angst in ihr Gegenteil und kippt um in Abstoßung. Dann fliehen dieselben in entgegengesetzte Richtungen davon.

Im Zeitlauf des Werdens und Vergehens treffen alle Zyklen jedoch wieder zusammen. Kommt dir eine solche umgepolte Energie entgegen, fühlst du die Abstoßung als physischen Schmerz, denn es fehlt dieser bestimmte Teil. Und dennoch erscheint er nicht freundlich, sodass du ihn mit offenen Armen empfangen möchtest, denn er trägt die Signatur der Ablehnung, ohne dass du es jetzt verstehst, und auch der Angst, mit der er belegt wurde.

Du blickst in den Spiegel und siehst nur den Schatten, nicht das wahre Gesicht.

Es ist ein Spiel des Erschreckens, die Hölle, in der sich das Leben gegen dich verkehrt zu haben scheint.

Unter diesen Umständen möchte niemand empfänglich sein, nicht wahr?

Du verschließt dich noch fester und errichtest Mauern zu deinem Schutz, denn es ist kalt und häßlich dort draußen, und es weht ein rauher Wind, der zunimmt, je weiter die Trennung dich von dir entfernt.

Schließlich willst du nicht mehr fühlen und flüchtest dich in eine Festung der Gedanken: sauber, klar, nachvollziehbar und überschaubar.

Weil du nichts annehmen willst, bist du auch vorsichtig mit dem Geben. Du gibst nach Regeln, die du gelernt hast, dass ein Gleichgewicht nicht gefährdet wird.

Denn echtes Geben ist Teilen, das von Herzen kommt, aus der Freude am Schenken, dem So-Sein. Dies ist keine Einbahnstraße, denn damit schließt sich ein Kreis.

Heilung bedeutet, sich für die Energie des einstmals abgestoßenen Aspekts einer Erfahrung zu öffnen, auch wenn es die Schrecken und Ängste, die darin verwoben sind, erschweren. Denn nur dies kann den Schmerz, der die Sehnsucht nach Rückkehr ist, wandeln in die Freude der Wiedervereinigung.

Das betrifft den Einzelnen und das Ganze – alle Gemeinschaften, Zusammenschlüsse und Kollektive. Was erschaffen, erfahren und ins Leben gerufen wurde, entstammt der einen Kraft: Liebe.

So verlasst die Basis des Urteilens, das ein Werkzeug des Verstandes ist und die Trennung bis in die Ewigkeit manifestiert.

Das war der Heilige Rat des Lichts
am 23. 10. 2009

Allzeit verbunden

Die Erde ist ein Erfahrungsraum für so viele Spielarten der Wirklichkeit, die sich miteinander vermischen und zueinander in Beziehung treten; geschaffen, wahrhaftig, aus Liebe. Ein fürsorglicher und wunderbarer Nährboden, dessen Biologie eine Verfeinerung bisher gekannter und entwickelter Körperformen darstellt. Euch Menschen war dies bisher nicht bewusst. Dies ist ein Ort, der auserwählt wurde, um Menschen und Engel in einem Körper miteinander zu vereinen, sodass sie der Wunder der jeweiligen Welten von Verkörperung und Ewigkeit teilhaftig sind. Dies spricht Lemuel, ein Betreuer des Erdenplans seit Anbeginn.

Eure Zugänge befinden sich als Resonanzfelder der Chakren, Eingänge und Tore der feinstofflichen Körper, genannt Aura, um eure Physis herum. Das bezieht sich auf die allerkleinste lebendige, mit Bewusstsein ausgestattete Einheit aller Körperformen, die Zelle. Wie ihr wisst, ist in jeder Zelle DNA vorhanden, die zu entschlüsseln ihr begonnen habt, aus einem Bedürfnis heraus, euch selbst und den Sinn des Lebens mehr zu verstehen. Diese DNA ist eine Lichtstruktur, die das Leben in die Form programmiert. Ihr kosmischer Hintergrund, Information, dient als Speicher magnetischer „Ladungen", die in unendlicher Variationsbreite und Vielfalt ein komplexes Geflecht von Strukturen hervorzubringen vermag.

Dadurch seid ihr alle miteinander verbunden wie in einer gewebten Membran, die euch sanft umfängt. Alle Formen entspringen einer ursprünglichen Information, die in ihrem Bewusstsein alle Bilder erschafft.

Ein Schlüssel dazu ist Drehung: zentrifugal und zentripetal. Dies erzeugt Frequenzen, die mit allen anderen Frequenzen kommunizieren. Eine jede Erfahrungsebene ist wie ein Frequenzband, das eine Spektrumsbreite aufweist, die man in Sichtweisen und Qualitäten als Lebewesen in der Physis erfährt. So bist du als Mensch eingebunden in ein Netzwerk, dessen Ausmaß dir nach und nach bewusst wird, wie du die Erfahrungs- und Sichtweisenebenen durchschritten hast, die deine Chakren in Bewegung, Klang und Farbe codieren.

Die Rotation nimmt im Lauf der Erfahrung entsprechend der Abwesenheit von Bewusstsein und Präsenz ab, wenn der irdische Plan sich auszuwirken beginnt. Dies ermöglicht das Vergessen mit allen daraus resultierenden Folgen, die auch Zerstörung der Schöpfungen aus Unwissenheit in einem Kampf gegen sich selbst hervorbringen kann.

Wisse also, Mensch, dass das, was du in dir selbst und in deiner Umgebung vorfindest, Teil eines größeren Plans ist, der Evolution ganzer Bewusstseinsebenen und -stränge auf eine Weise bewirkt, die jenseits deiner Erkenntnisstruktur Leben hervorbringt, unterstützt und beatmet, damit es sich seiner selbst bewusst werde.

Um es ganz einfach zu machen: Viele Partikel des kosmischen Ausatem-Stroms gelangen in die Erfahrung ihrer eigenen Existenz durch Verstofflichung, Zusammenschluss, Kommunikation und Evolution. Wenn die Körper-Ebene einen bestimmten Entwicklungsstand erreicht hat, erhöht sich der Lichtquotient der gesamten Galaxie, was sie sichtbar macht für Wesen, die nicht den Weg der Evolution beschritten haben. Dies sind die „Höheren Selbste", die sich nun mit dir vereinigen. Ja, es gibt mehrere der von euch so bezeichneten. Sie sind wie Sonnen, die Strahlen ausgesandt haben. Die Strahlen entwickeln sich zu eigenen Sonnen und beginnen, ihr Licht auszustrahlen. Jeder Strahl hat das Potenzial, eine eigene, bewusste Sonne zu werden. Der Weg in die Materie ist eine Erfahrung, die das ermöglicht. Wenn in einer Sphärenebene so viel Bewusstseinslicht entwickelt wurde, dass die Höheren Selbste absteigen, verbinden sich die DNA-Stränge in allen Körperstrukturen. Dabei entsteht ein Klang, der in sich harmonisch ist.

Die Erfahrung und Entfaltung in den Chakren hat eine jeweils charakteristische Sicht- und Erlebensweise zur Folge, die Gewohnheiten, Sicherheiten und Vertrautheiten für dich, die im Körper lebende Entität, bedeuten. Dadurch dass sich sowohl im Inneren die DNA-Stränge als auch im scheinbar Äußeren die Chakren in andere Frequenzen bewegen, löst sich diese dir vertraute Welt nun auf. Das geschieht in einem Gleiten bis zu einem bestimmten Niveau, und dann folgt ein Sprung. Was bleibt, sind die Netzwerke von Verbindungen, die durch die gesamte Inkarnationskette gewebt wurden. So sind deine Beziehungen zu allen anderen Wesen das Merkmal, das erhalten bleibt, wenn sich deine Wahrnehmung durch die von mir erklärten Vorgänge ändert.

Dies ist von großer Wichtigkeit und von essentieller Bedeutung.

Hast du einmal erkannt, wie für dich selbst die Auflösung von Blockaden, Hindernissen und Hemmungen in deinen Chakren funktioniert, kannst du mit diesen Werkzeugen mithelfen, das Bewusstsein aller anzuheben, die je mit dir verbunden gewesen sind.

So spricht aus der Liebe, aus der Freude, aus der Ewigkeit

Lemuel vom 7. Strahl
am 25. 11. 2009

Gloria

Die unendliche Freude, die auf der Erde sein wird, beginnt sich jetzt zu manifestieren in Einzelnen von euch. Ihr seid die Träger des Lichts, Friedensbringer, die die unendliche Freude als Energiefeld der Einheit in Verbindung zueinander zu fühlen beginnen.

Verströmend sind diese Elohim ein Teil des Kosmos, dessen Lichtkraft euch nun erreicht, da ihr die Grenze des Einzelgängertums überschritten habt und als Ganzes im Begriff seid zu überschreiten. Denn in der kosmischen Gemeinschaft als Ganzheit sind sich alle Einheiten ihrer Verbindung zueinander bewusst. So erschaffen sie für sich und andere, was sie zu erfahren wählen, und während ihr euch herausbewegt aus Leid und Ungemach, erfahrt ihr euch mehr und mehr in der Erkenntnis dessen, was ist, in Freude. Aus Freude bist du geboren, Mensch, und in Freude kehrst du zu uns zurück, die wir Freude sind.

So wandelt diese magische Formel „von Staub zu Staub", wie die Kirche euch sagte, nun um in die Worte „von Freude zu Freude". Denn das ist die Wahrheit über dich, lieber Mensch, und indem du sie anerkennst, verwandelt sich dein Leben, deine Umgebung, deine Beziehung zu dir selbst und zu allem Lebendigen. So trägst du die Freude als Lichtbringer hinein in all das, was du erschaffen und erfahren hast, um es anzuheben in der Schwingung auf ein neues Niveau. Dies ist eine Spirale, ein Schöpfungsweg, der sich fortsetzt. Wenn du einmal erkannt hast, was deine Bedeutung darin ist, wird Schmerz und Kummer keinen Platz mehr in deinem Leben haben. Denn wisse, Geliebte, Geliebter, du bist Gott und alle Wesen und Schöpfungen sind aus dir heraus entstanden. Du wurdest geboren aus Feuer und Eis in einer gewaltigen Explosion von Herrlichkeit und Schönheit. Was anderes könntest und solltest du sein als ein Teil davon? Großartig ist das Wunder des Lebens, und ihr habt den winzigsten Teil davon noch nicht erfasst. Dennoch seid ihr und bist du gewaltig und schön jenseits deiner Vorstellungskräfte innerhalb der Dimensionen.

Wenn wir, Geliebte, jetzt mit euch zusammenarbeiten, soll keine Betrübnis mehr deine Freude hemmen, und so geht es um Ausdehnung. Ein Sich-Weiten in größere und umfassendere Liebe als deine persönliche hinein. Wirst du dich zur Verfügung stellen, dass dies jetzt geschieht? Dein Licht ist so groß, so unendlich schön. Eine Liebe, Tiefe und Erfüllung, die du dir immer gewünscht hast, will in dir sein. Das geschieht, wenn du bereit bist, die Beschränkung zu vergeben. In dir und auch allen anderen und in jedwedem Kontext, in dem du dich befindest. Wisse, dies wurde geschaffen aus Weisheit und Liebe und folgt einem größeren Plan. Indem du dies anerkennst, öffnen sich Horizonte, von denen du nicht wusstest, dass sie verfügbar sind.

So kannst du Heilung hineinsenden in all die verwundeten Bereiche der Beziehungen, in denen du dich befindest: persönlich, familiär, gesellschaftlich und kollektiv. Zu Menschen, Wesen und Umständen. Irdisch, galaktisch und interdimensional wirksam ist diese Formel, wenn du sie sprichst.

Sag:
Ich hülle mich ein in die unendliche Liebe.
Liebe Marienengel, bitte kommt zu mir.
Erzengel Michael-Kraft und Erzengel Jophiel.

Spüre, wie du in diesen Strahlen stehst.

Dann sprich:
Weisheit und Vollkommenheit, Kraft und Freude
allezeit. Ich erlaube diesem Kontext, sich auszudehnen.

Spüre, wie dies geschieht.

Unendliche Liebe und Freude manifestieren sich in
mir, mit mir, durch mich hindurch und um mich he-
rum.
Es ist vollbracht.

Wenn du dies tust, fließt Licht aus der siebten Dimension
und darüber in die Bereiche, die sich durch deine Erlaubnis
öffnen.

Der Segen strömt zu allen Betroffenen und Beteiligten dieses Themas. Es geschieht augenblicklich und wirkt in alle
Zeiten, Dimensionen und Parallelwelten hinein und öffnet
die Blockaden auf den Energielinien.

Daraus gewonnene Erkenntnisse sind lindernd und heil-
sam und heben das Bewusstsein in allen Netzwerken.

Du wirst sehen und erfahren, welche Auswirkung dies hat.

Wir lieben dich und segnen dich allezeit.

Die Bruderschaft der Freude
am 1. 12. 2009

Knotenpunkte

In deinem Leben gelangst du wieder und wieder an spezielle Knotenpunkte, in denen du Zugang zu deinen parallelen Existenzen mit den jeweiligen Potenzialen darin hast. Denn du lebst dieses Leben nicht nur einmal, geliebter Mensch, auch wenn es dir im Körper so erscheint. Und das ist gut so. Die vollständige Erfahrung dessen, was du gewählt hast und wählst, ist in deinem biologischen Körper codiert. Es wird ausgestrahlt wie ein Film, dessen Bilder sich auf einem Magnetband befinden. Mit einem kleinen Unterschied: Das Band ist mehrdimensional. Es besteht aus Schichten, die zueinander parallel verlaufen und sich in einer Weise ergänzen wie ein Klang mit Obertönen.

Das Bewusstsein ist fokussiert auf jeweils eine dieser Schichten, die Erfahrungen beinhaltet, die du aus einer bestimmten Perspektive heraus betrachtest. Alle anderen Bandschichten haben die Funktion, andere Perspektiven derselben Erfahrung aufzuzeichnen. Deine anderen Ichs, die sie erleben, sind genauso real wie du, und sie leben alle Leben, die du wählst, ohne dass du normalerweise etwas davon merkst.

Diese Trennung löst sich im Zuge der interdimensionalen Veränderung, in der ihr euch befindet, nun allmählich auf. Dann kann es passieren, dass neue Betrachtungsweisen für ein und dieselbe Situation in deinem Leben auftauchen, die nichts mit deiner bisherigen Sicht der Wirklichkeit verbindet – so, als würde ein anderer zu dir sprechen, der außerhalb von dir existiert.

Es kann sein, dass Gefühle auftauchen, die du in Bezug auf das Ereignis nie hattest.

Deine Kontakte zu anderen Mitgliedern deiner Familie und anderen nahestehenden Personen, die gewählt haben, in deinen Erfahrungen bestimmte Rollen zu verkörpern, werden dadurch sehr deutlich in eine „neutrale Zone" angehoben, in der eine Art von Stille empfunden wird.

Dann ist es an der Zeit, die Sichtweisen der Existenzen miteinander zu verknüpfen durch einen bewussten Akt, indem das Ich sich hier und jetzt ausweitet in die parallelen Erfahrungen hinein.

Es ist Energie, verbunden mit Bewusstsein.

Diese Energie möchte zueinander zurückkehren, denn sie ist du, und diese beiden oder mehreren Schichten deiner Lebensweise auf heilige Weise miteinander vermählen. Das klingt so mystisch, weil es linear kaum zu erklären ist.

Diese anderen inkarnierten Bewusstseinsaspekte deines Ichs haben nicht denselben Körper wie du. Ihre Körper sind so beschaffen, dass der jeweilige Schwerpunkt auf vollkommene Weise darin und damit erfahren werden kann. Ihr Leben hat dieselben Aufgaben wie deines, aber der Weg kann völlig anders aussehen. Sie sind nicht gleich alt wie du. Vielleicht ist ein Teil von dir mit deiner Aufgabe auf einem anderen Planeten. Sehr wahrscheinlich befinden sich mehrere deiner Ichs in der Vergangenheit oder in der Zukunft, von heute aus gesehen. Die Übereinstimmung ist codiert in der DNA, und über diese gelangen alle Aspekte zu Knotenpunkten, die Verschmelzung auf verschiedene Weise erfahrbar werden lassen.

Jeder von euch, Liebe, ein jeder Mensch auf der Erde, befindet sich nun in der Verfassung, seine Interdimensionalität zu umarmen.

Die Bruderschaft der Freude
am 27. 12. 2009

Einheit

Geliebte! Wir wissen um eure Not, wenn es darum geht, Bekanntes hinter euch zu lassen und in Unbekanntes vorzudringen.

Niemand von euch ist allein in dieser Zeit, und wir empfangen deine Signale des Unbehagens wie kleine Lichtströme, entlang deren Signatur Reibungen entstehen, die so etwas wie ein „dimensionales Knirschen" erzeugen.

So wisse, Geliebte/r, dass alles Neue deine inneren Ängste auf den Plan ruft.

Zunächst noch unbewusst, erkennst du doch mit etwas Beobachtung die Mechanismen, die du in diesem Leben erzeugtest zur Bewältigung des scheinbar Unkontrollierbaren. Jetzt bist du aufgefordert, in der Anwendung all deiner Künste diese Angst zu verstehen, weil genau das sie verändert. Keine der üblichen Strategien kann erzeugen, was Angst aufzulösen vermag, sondern allein Verständnis und Liebe aus der Sichtweise deines Höheren Selbst.

Wir nennen dies: „die Ernte einbringen".

Es ist ein besonderer Akt der Liebe, die Existenz in der Stofflichkeit zu wählen, was bedeutet, all deine Herrlichkeit, den Glanz deines Selbst zu vergessen. Einzutauschen gegen einen Traum von Spielen auf der Basis von Schwingung als

Manifestation, die so echt erlebt wird, dass du daran verzweifelst, weil du nicht fühlst, dass du der Schöpfer bist. Ohnmacht und Ausgeliefertsein gegenüber dem, was ist, in das du nackt und bloß hineinrutschst. Eine Welt da draußen, die vollkommen anders ist als das Göttliche Licht, das Geborgenheit, Allumfassendheit, Liebe, Weite und Einssein ist.

Vom Einssein in die Vereinzelung. Die Vielheit und Vielseitigkeit der Unendlichkeit auf alle nur denk-, träum- und wünschbare Weise zu erfahren, beinhaltet diese Erfahrung, dass du dich mit einer Geschichte und Rolle identifizierst, aus der du hervorgegangen zu sein glaubst.

Und es gibt Schmerz im Körper, durchaus, Ungeborgensein, Unwohlsein, Hunger, Kälte, Furcht vor dem Alleingelassen werden, Schutzlosigkeit. Und Trauer über jene verblassende Erinnerung deiner Großartigkeit, die du nicht halten kannst.

So wie auch das Gegenteil: Licht, Wärme, Geborgenheit, Fürsorge, Genährt-werden und als Person gesehen, beachtet, wahrgenommen, geliebt zu sein.

Im Zusammenspiel dieser Faktoren verbindet sich eins ums andere. So wirst du ein Ich mit genau deiner Beziehung zur Welt, die keiner anderen, die es je zuvor gab noch geben wird, gleicht. Wunderbar, einzigartig, vollkommen und immer noch göttlich.

Was sich verändert, ist die Bewusstheit deiner selbst. Sie entwickelt sich fortwährend und stetig: in die Welt hinein, aber auch aus der Welt hinaus. Eine innere Sehnsucht führt dich, die du deine Bestimmung nennst. Sie ist die Verbindung mit dem ewigen, nicht-inkarnierten, jenseits von Zeit befindlichem Höheren Selbst, das dich über eine energetische Nabelschnur mit Impulsen versorgt, die deine Reise erhellen.

Auf den Lichtstraßen reisen die Elohim.

Wer sind die Elohim?

Wunderbare, herrliche, großartige, göttliche Wesen, genau wie du, wenn du nicht in einem Körper bist.

Anteile von dir verbleiben in der Unendlichkeit.

Nur ein kleiner Funke des Lichts wird benötigt, um einen Körper zu beseelen. Seele erschafft neues Leben, damit sich ihre Bestimmung erfüllt. Seele ist, nach menschlichem Verständnis, weiblich: erhaltend, nährend, sich ausdehnend und gebärend. So bist du im Körper ein winziger Funke aus der Allseele, und immer noch geborgen und umhüllt von der kosmischen Liebe.

Was „Höheres Selbst" genannt wird, bedeutet die Vereinigung aller Energie im Eins.

Aus ewigem Licht in die Materie scheint ein weiter Weg zu sein, und ist doch nur ein Gedanke. Warum?

Weil sich der Schöpfungsvorgang unablässig vollzieht, auch in dir und durch dich.

Du bist wie eine Zelle in einem Ozean weiterer mit Membran umhüllter und unverhüllter Wesen. Planeten, Galaxien, Universen sind Spiegelungen des Unbeschreiblichen. Wie weit ist das All! Die Entfernungen zwischen Materieteilchen in dir und außerhalb von dir werden in Bruchteilen von Bruchteilen durchdrungen, durchmessen, informiert.

Die Elohim sind der kosmische Bringdienst.

Wir transportieren Absichten.

Deine Entscheidungen sind so machtvoll, dass sie deine Welt in Sekundenbruchteilen verändern. Der Weg, ein bewusstes Individuum zu werden, ist deine Wahl gewesen. Sieh, was dadurch in die Welt gesungen wird!

All die Schöpfung, zu deiner Ehre.

Damit du dich erfährst. Im Physischen. Als Licht.

Heile deine Angst.

Es gibt nichts zu fürchten.

Alle Schöpfungen sind wandelbar.

Dein Leben besteht aus Konstanten und Variablen.

Bisher hast du den Konstanten deine Variablen untergeordnet, weil es dein Weg war, zu einem sich seiner selbst bewusst werdenden Menschen heranzureifen.

Nun bist du aus deiner Erfahrung in das Annehmen höherer Anteile deines Selbst erwacht, sodass eine Erinnerung daraus in dein Ich-Bewusstsein integriert werden kann.

Das hat zur Folge, dass sehr tiefer Schmerz freigesetzt wird. Die Trauer darüber, das Licht, den Schutz, die Geborgenheit der Seele verlassen zu haben, um in einem Körper zu sein.

Und Scham.

Als Mensch hat man dir beigebracht, dass du sündig bist. Schuldig daran, eine Frau zu sein, ein Mann zu sein. Die Aufspaltung in Gegensätze, die die Voraussetzung ist für alle Manifestation, wurde nicht verstanden.

Bitte, erinnere dich daran, wie die Übermittlung von Signalen im Computer erfolgt. Informationen sind codiert in Sequenzen. Es gibt nur zwei Zahlen: 1 und 0: Strom an (1)/ Strom aus (0). Alles, was du heute am Computer lesen, sehen und machen kannst, ist daraus entwickelt.

In deinem Gehirn und Nervensystem ist es ebenso.

Es gibt nur Strom an/Strom aus.

Im Universum sind zwei Kräfte wirksam: zentrifugal und zentripetal.

Darin ist keine Schuld.

Dies ist Manifestation in Aktion.

Dass du die Einheit verlassen hast, um in das Wunder der Erfahrung zu gehen, ist jenseits von gut und böse.

Wir lieben dich inniglich.

Nie hat Gott, den du Vater und Mutter nennen kannst, dich aufgegeben. Nie wurdest du verstoßen. Nie hast du dich schuldig oder sündig gemacht in dem Sinn, dass irgend jemand eine Strafe über dich verhängen wollte, könnte oder würde.

Es ist an der Zeit, diese Vorstellung zu verstehen. Sie ist entstanden durch den tiefen Schmerz der Abtrennung, den Verlust der allumfassenden Geborgenheit, den du nicht verstehen konntest. Du bereutest deine Wahl und erklärtest dich für schuldig.

Wenn du zurückkehrst, wird dieses Schuldgefühl aktiviert und gleichzeitig die Angst vor Strafe, vor Bestrafung, das Gefühl, das Paradies nicht zu verdienen und die Liebe der Engel nicht zu ertragen.

Beobachte dich genau. Jetzt kannst du die Verleugnung deiner Herrlichkeit umwandeln in Selbst-Akzeptanz.

Und die Angst, die ein verängstigtes Kind ist, lege in die Arme der gütigen Mutter, wo Trost, Schutz und Geborgenheit zu fühlen sind.

Wir lieben dich und ehren dich.

Erzengel Raphael, Kryon
am 20. 1. 2010

Quantensprung

In einem gewaltigen Akt der Gnade kannst du den ganzen Rest auf einmal transformieren, wenn du dich dazu bereit fühlst.

Bist du in deinem Leben an einen dieser persönlichen Knotenpunkte gelangt, an dem sich die Energie deiner gesamten Existenzen bündelt, alles, was du erschaffen hast an Potenzialen in Vergangenheit, Gegenwart und Zukunft, verändert dies deine Reichweite um einen Quantensprung.

Alles, was bisher in unseren Erklärungen dazu diente, dir ein Verständnis dessen-was-ist zu ermöglichen, kommt aus der Liebe. Der Liebe *aller* Existenzen, jenseits von Zeit und Raum. Die Öffnung dazu befindet sich im Galaktischen Zentrum, über das diese Impulse in euer Universum einfließen. Die Koordination der Sonne mit dem Galaktischen Zentrum ist das evolutionäre Sprungbrett für den Planeten, auf dem du jetzt bist. Du selbst als Einheit kannst dich außerhalb der Zeitrahmen begeben, um diesen Sprung entsprechend deiner eigenen Verfassung in diesem Moment zu vollziehen.

Du benötigst das Energiefeld der Sonne, deshalb stelle dich an einen Ort, wo du im Licht der Sonne dein Herz für dich öffnest.

Wisse, nichts war umsonst in deinem Leben. In all deinen Leben, Existenzen, Verkörperungen hast du Liebe und Weisheit gesammelt, die durch die Sonne auf bestimmten Frequenzbändern gehalten sind. Deshalb erscheint die Sonne als Kosmisches Tor, durch das sowohl Quantensprünge als auch Evolutionsverschiebungen zugänglich werden.

Wir haben deine persönliche Wandlung von Anfang an mit dem Energiefeld der Sonne unterstützt. Die Wesen, die über die Sonne wirken, werden Einheiten der Christuskraft genannt, obwohl unser Wirken nicht männlich ist.

Möchte man eine Polarität entdecken zwischen der Erde und der Sonne, besteht die Gefahr, dass Halbheiten entstehen, die wiederum in eure Schöpfungen geatmet werden.

Planeten sind souverän. Sterne sind ausgeglichen. Sie werden vom Bewusstsein eines Menschen mit Qualitäten belegt, die sie angeblich repräsentieren. Da ist ein Kern. In dessen Wirkungsbereich strahlen durch Verbindung, Resonanz, Tiefe und Hervorbringung schöpfende Lichtkräfte. Sie sind für jeden von euch verschieden. Dennoch gibt es Auffassungen der Qualitäten, die als allgemeingültig zu betrachten sind, weil Kollektive solche erzeugen und erhalten.

Soweit unsere Erklärung.

Das ausgeglichene Energiefeld der Sonne, das sich mit dem Magnetfeld der Erde überschneidet, ist ein Erfahrungsraum. Du atmest ständig aufgeladene Partikel ein, die Informationen transportieren, die von jenseits der Sonne zur Erde gelangen, denn die Sonne ist ein Tor.

In dieser Zeit, die das Ende einer Epoche bedeutet, seid ihr den Über-Lichtkräften, die hineinströmen, um diese Galaxie ins kosmische Bewusstsein heimzuholen, für ein bis zwei Generationen, von dir aus betrachtet, verbunden. Dann werdet

ihr, die ihr auf dem Planeten Erde lebt, im Neuen Bewusstsein sein.

In deinem Herz bist du mit allen Orten des Universums verbunden, mit allen Zeiten und mit allen Energien. Du kannst
entlang der Klänge, Lichtstraßen und -bänder reisen wie Wesen, die ohne einen Körper sind. Dein Lichtkörper *ist* die
energetische Dimension und Version deiner selbst.

Öffne also dein Herz und erlaube dir, dich zu erkennen.

Rufe die Marienengel, Erzengel-Michael-Kraft, Erzengel
Jophiel und die Einheiten der Kosmischen Befreiung.

Sprich:

*Weisheit und Vollkommenheit, Kraft und Freude al-
lezeit. Ich erlaube die Auflösung und Transformation
aller Bindungen.*

Fühle, wie das Licht einfließt, alles in dir öffnet und deine
Klänge mit denen der Sonne synchronisiert.

Jetzt sprich: (Sage dies 3mal 3mal, insgesamt 9mal, jeweils
einen tiefen Atemzug nach 3mal).

*Ich, (dein Name), öffne mich für das Bewusstsein der
Neuen Erde, Om.*

Jetzt sprich: (1mal)

An Nuhim
Elohim
Om Nuhim

Damit werden die einströmenden Energien in Balance gehalten.

Du hast dein Erdenkarma in allen Dimensionen, Räumen und Zeit-Ebenen erlöst. Dein Emotional- und Mentalkörper lösen sich auf in den Lichtkörper. Du kannst diese Veränderung als Wärme, Kribbeln und Freude in allen Körperteilen spüren. Deine physischen Organe erneuern sich. Du bist dem Energiefeld der Erde als neues Bewusstsein hinzugefügt worden und unterliegst nicht mehr der Beschränkung, die aufgrund der dreidimensionalen Erfahrung in allen Körpern eingebaut war. Eine Harmonisierung durch die neue Taktfrequenz wirkt sich auf die planetaren Energiekörper stabilisierend aus, sodass, wenn viele Menschen diesen Evolutionssprung gemacht haben werden, die Erde als Planet eine neue Blüte erleben wird.

Du bist gesegnet, und wir segnen dich über und über.

Willkommen, Geliebte, die du unser Juwel im Lotus bist; willkommen, Geliebter, der allzeit in der Umarmung der Ewigkeit ist.

Die An-Nuhim
am 21. 2. 2010

Seelenerfüllung

Du kannst mit dem Segen der Zukunft, Geliebte, Geliebter, Freude erfahren jenseits deiner jetzigen Vorstellungskraft.

Die Potenziale der Zeit sind alle abgelegt in einem einzigen Kreis, der sich fortlaufend selbst erschafft. Es gibt mögliche Gegenwarten, die du vor Zeiten erschaffen hast und die an dein Atem-Geschehen aufgrund eines Quotienten geknüpft sind, sodass sie durch deine Lebens- und Empfindungsschwellen in den Bereich der Erfahrung treten.

Damit ist erst ein kleiner Teil des Ganzen erklärt. Vom Hier und Jetzt ausgehend erschaffst du darüber hinaus fortwährend neue Möglichkeiten deiner Erfahrung, vor allem, wenn du aus dem Gewohnten herauszutreten bereit bist. Jene von euch, die das wieder und wieder getan haben, obwohl ihre ganze Welt dadurch aus den Fugen geriet, können nun durch ein weiteres Tor treten in die Unermesslichkeit der Herrlichkeit, der Freude und der Liebe des Allganzen.

Wenn du bereit bist, deine Vorurteile über dich selbst vollkommen abzulegen, deine Menschlichkeit, wie du sie bisher kanntest, loszulassen, und ein weiteres Kapitel deiner Inkarnationskette zu transzendieren, erhältst du den Schlüssel der Hingabe an die Essenz, woraus Zeit und Raum geboren werden.

Nimm einen tiefen Atemzug. Du brauchst für diesen einen Schritt Sauerstoff und Licht. Am besten, du wählst dafür einen

Tag mit klarer Luft, die von Sauerstoff erfüllt ist. Wenn möglich, begib dich an einen Ort von hoher Energie, weil das die Schwelle öffnet. Der Ort ist in dir, doch Resonanz im Außen hilft dir, dich zu öffnen.

Nun rufe die Meister des Goldenen Strahls, Gnaden-Elohim, die Engel der Heilung und Erzengel-Michael-Kraft. Sprich:

> *Ich, (dein Name), öffne meine Seelen-Essenz, um die Heiligkeit und Herrlichkeit meiner Ich-Bin-Gegenwart im Hier und Jetzt zu verwirklichen.*
>
> *Ich löse mich von allen Vorurteilen über meine Wirklichkeit, die durch die menschliche Erfahrung erschaffen worden sind.*
>
> *Erzengel-Michael-Kraft und mein Elementarwesen, (du kannst natürlich den Namen sagen, wenn du ihn kennst, s. Buch II), bitte vollzieht diesen Akt der Gnade.*

Atme tief ein und aus, bis du in leichtes Prickeln in dir fühlst.

Das ist das Zeichen dafür, dass in allen Zellen eine Verschiebung stattgefunden hat.

Nun bist du in der Lage, die völlige Führung über deine Vorstellungskraft aus der Seelen-Essenz zu erfahren, dem Teil von dir, der so herrlich und wunderbar ist, dass du vor Freude vibrierst, weil du *bist*.

Frei von Wertung und Bewertung.

Frei von jeglicher Einschränkung deiner herrlichen Fähigkeiten. Frei, zu tun, zu wünschen und zu erfahren in *Freude* und voller *Freude* darüber, dass es so ist.

Wir lieben dich.

Erzengel Gabriel
am 14. 2. 2010

Integration

Geliebte!

In der Unendlichkeit seid ihr mit Tausenden von Quellen-Schöpfungen verbunden, die nichts anderes tun, als eure dreidimensionale Erfahrung zu ermöglichen. Mit Bewusstsein und Liebe ausgestattet, sind diese großartigen, pulsierenden, sich bewegenden Einheiten am ehesten zu vergleichen mit Tropfen, von denen konzentrische Kreise ausgehen.

Wenn du dein Bewusstsein ausdehnst in die neuen Möglichkeiten, die jetzt geöffnet sind, werden diese Quellen dadurch ebenfalls angehoben. Aufgrund des Gesetzes kommunizieren jene miteinander, die verbunden sind in einer Resonanz, also aufgrund von Gleichklang und Miteinander-Schwingen. Du bist ein Teil davon, Geliebte, eingewoben in ein Netzwerk von Verbindungen, die Erfahrungsräume bilden.

Auf der Quellen-Ebene haben viele dieser Bewusstseine entschieden, eine herrliche, wunderbare Weise zu kreieren, das-was-ist wahrzunehmen und zu betrachten. Sich in Unendlichkeit auszudehnen, ist Absicht jeden Seins. Das hat Tiefe, die du als Mensch nun Schritt für Schritt erfahren wirst.

Jene, die Klänge sind, strömen unablässig in die Schöpfungen hinein. Absicht, wie wir schon sagten, bewegt die Klänge in eine Form, die du nach Belieben erschaffst. Meist durch Erinnerung des Bekannten, solange deine alten Programme in dir aktiv waren. Das ist die Welt, wie sie dir bekannt ist, weil dein ganzes System seit deiner Geburt auf der Erde darauf eingestellt war. Es gibt Menschen, die andere Perspektiven als die allgemein üblichen erforschen. Sie gehen nicht konform mit der Gesellschaft, und oftmals können sie nicht beschreiben, wie es für sie ist.

Für dich, Geliebte, Geliebter, ist es nun an der Zeit, deine inneren Augen zu öffnen, um die Farben der Elohim wahrzunehmen.

Wenn du bisher mit den Strahlen verbunden warst, was du immer bist, gab es eine Barriere zwischen deinem Körper-System in deinem Gehirn, in der Substanz, die die „graue" genannt wird, die verhinderte, dass du außer drei, maximal vier Dimensionen empfindest.

Alles, deine gesamte Wirklichkeit hat zwölf Dimensionen.

Du bist dafür geschaffen, innerhalb dieser zwölf bewusst, entschieden und souverän zu sein. Jenseits dessen existiert wiederum ein Universum, dessen Anteil dieses ist. Genau wie in der Musik setzt sich Oktave um Oktave in jeweils kreisförmiger Bewegung fort, deren heiliges OM nicht nur deine Physis codiert, sondern viele Schöpfungsebenen, die alle aufeinander abgestimmt sind.

Was geschieht, wenn du dich ausdehnst, ist eine Vereinnahmung deiner Gestalt, deiner Gedanken durch das Höhere Bewusstsein, welches jenseits deiner bisherigen Möglichkeiten immer vorhanden gewesen ist.

Die Verschmelzung ist ein kosmischer Vorgang.

Auf euren Bildschirmen werdet ihr es sehen.

Eine Kommunikation beginnt, die du zu entschlüsseln imstande bist, denn es ist in dir angelegt. So fürchte dich nicht, denn da ist nichts, was du zu fürchten bräuchtest. Es sind wunderbare, beglückende Empfindungen, die nach dem Wechsel in dir wahrgenommen werden können.

Zunächst verbinde dich mit den Elohim.

Om Elohim

Tue dies jeden Morgen.

Die chemischen Verbindungen in deinem Gehirn werden nach und nach umgestellt. Im Grunde dauert es nicht lange, aber während dies geschieht, bist du ein wenig „abgeschaltet", und das kann sich fremd, bedrohlich, unangenehm, vielleicht völlig falsch anfühlen. Wisse, dass dies völlig in Ordnung ist.

Du bist in Ordnung.

Alle Bereiche deines Gehirns, die für den Empfang kosmischer Strahlung zuständig sind, werden darauf ausgerichtet.

Du verlierst die dritte Dimension nicht, Liebes.

Du wirst weiterhin dein Leben genießen.

Was geschieht, ist: Du veränderst deine Sicht und erhältst die Geschenke der Ewigkeit.

Vielleicht siehst du dann manches in dir und um dich herum mit neuen Augen.

Das ist ganz natürlich.

Vielleicht wünschst du für eine kurze Zeit, du hättest diesen Schritt nicht gemacht, weil du dich sehr merkwürdig fühlst.

Sei in Frieden damit.

Mach das Beste draus.

Genieße deinen Tag.

Om Elohim

Wenn du diese Worte sprichst, fühlst du die Neue Energie, die in dir ist.

Wisse, dass du allezeit geliebt bist.

Wir sind die Einheiten des siebten Strahls der Vereinigung.

Atme das Licht, das du bist.

Liebe das Licht, das du bist.

Sei.

Es gibt nichts zu tun, Geliebte, du bist vollkommen.

Einen Zyklus zu beenden und in einen neuen überzugehen, ist eine Heilige Zeit, denn so vieles heilt, kommt zum Abschluss und schreitet durch das Tor, das jetzt offen ist.

Wenn du physische Symptome hast, so achte dich und ängstige dich nicht, es wird alles ins Neue gebracht. Du bist schon da, aber Teile deines Körpers befinden sich im Übergang.

Om Elohim

An deiner Seite vollziehen so viele Wesen den Übergang. Du fühlst die Verwirrung, die alle empfinden.

Begib dich außerhalb davon, in deinen heiligen, goldenen Tempel und sieh auf die Flamme, die dich stärkt.

Aktiviere dieses Licht in deinem ganzen Körper.

Atme es ein und aus.

Alle Zellen sind vom Licht der Essenz erfüllt.

Alle Zellen haben das Bewusstsein der Quelle.

Alle Zellen dehnen sich, öffnen sich, stülpen sich um.

Ein neuer Tag beginnt.

Ein neuer Tag in Gott.

Du *fühlst* den Unterschied.
   Es bedarf keiner weiteren Erklärung, denn so *ist* es.

Wir lieben dich.

Erzengel Raphael, Erzengel Jophiel, Kosmischer Christus
am 24. 2. 2010

Engelbewusstsein

Während der Umwandlung deines physischen Körpers durch die Lichtkörper kann es zu einigen physischen Symptomen kommen, die nicht angenehm für dich sind. Das liegt daran, dass dein Hormonsystem auf neue Intervalle eingestellt wird, die zur Folge haben, dass Glücksgefühle ausgelöst werden.

Ein jeder „Lichtschub" bringt alte Energie in Fluss, die durch sämtliche Ebenen nach außen bewegt wird, um dein System zu verlassen. Quellenenergie strömt in die DNA und aktiviert neue Eigenschaften. In der Übergangszeit ist es wichtig, viel Wasser zu trinken, damit dein Körper alle verstofflichten Ängste, die sich jetzt aus ihren Verbindungen lösen, ausscheiden kann, ohne allzu viele Symptome zu zeigen.

Dies ist eine Heilige Zeit, in der du viele Erkenntnisse über dich selbst erhältst.

Auf multidimensionale Weise zu wachsen, erweitert deine Möglichkeiten, für dich selbst zu sorgen. Engel-Ebenen öffnen sich, und du kannst von dort Anteile deines multidimensionalen Selbstes mit der Physis verbinden, was den Prozess beschleunigt und dein Vertrauen in das Höhere Selbst verstärkt.

Dazu gehört, neue Wahrnehmungen der Wirklichkeit zu akzeptieren. Alle Bilder, die du siehst, sind Realität in einer der vielen Schöpfungsebenen. Alles, was du je erlebt, kreiert hast und zu irgendeinem Zeitpunkt deines Lebens nicht wahrnehmen wolltest, taucht auf, um durch die göttliche Essenz in Liebe verwandelt zu werden.

Dein Emotionalkörper besteht ebenso aus Schichten wie die DNA. Einströmendes Quellenlicht belebt diese vorhandenen Wahrheiten aus Frequenzen, die nun keine materielle Ausprägung mehr benötigen, damit du ihrer gewahr wirst, denn deine Sicht erweitert sich in die Räume aller Existenzen.

Du hast in allen Ebenen erschaffen, weil du Teil des Ganzen bist. So wie du Anteil an allem hast und Teil der Erfahrung von allem in dir schwingt.

Wenn du dich jetzt rückverbindest mit den Ebenen, die frei von Schmerz und Angst sind, können die von dort hereinströmenden Kräfte bei der Transformation deiner Strukturen auf eine freudige Veränderung deiner Verfassung einwirken. Allerdings bist du dann auch fortwährend mit ihnen verbunden, was bedeutet, dass du sehr kraftvoll wirst und eine Menge Probleme aus deinem Leben verschwinden.

Sei dir darüber bewusst, wenn du in Verbindung mit der Essenz (s. Kapitel „Integration"), die du unbedingt an jedem Morgen für einige Minuten herstellen solltest, weil du von dort Nahrung, Unterstützung und Heilung erhältst, nun Folgendes durchführst.

Sprich: *Om Elohim*

Im Licht deines Herzens leuchtet die Heilige Flamme.

Du visualisierst in ihrem Zentrum den schönsten Engel, den du dir vorstellen kannst.

So, wie du ihn siehst, ist er tatsächlich.

Lade diesen Engel ein, sich jetzt mit deiner Physis zu verbinden. Tu dies mit deinen eigenen Worten.

Atme aus dem Herzen ein und aus.

In drei tiefen Atemzügen verbindet sich seine Energie mit deiner.

Dann heiße ihn in deinem Körper willkommen.

Bitte diesen Engel, der in dir ist, die Elementale zu verwandeln in sein Licht.

Du bist gesegnet, wenn du das tust.

Über und Über.

Und du *fühlst* es.

Sowohl das Licht des Engels als auch die Energie der umgewandelten Elementale verbleiben in dir.

Innerhalb der nächsten Minuten stellt sich dein Körper darauf ein.

Verbringe einige Zeit in der Stille.

Du kannst seinen Namen erfahren, wenn du dieses Engelwesen danach fragst.

Er/Sie wirkt jetzt durch dich und versorgt deinen Körper mit allem, was er braucht.

Die Elohim des vierten Strahls
am 26. 2. 2010

Kristallkörper

Durch deinen Kristallstrahl bist du verbunden mit der Energie der Neuen Erde.

Du kamst mit dieser Ausstattung, Lieber, Liebe, um sie aus freiem Willen zu aktivieren, damit du innerhalb des Dimensionssprungs hereinholst, was auch immer gebraucht wird, um den Menschen in dieser Zeit behilflich zu sein.

Licht fließt entlang von Strukturen, die durch und vermittels Absicht entstehen.

Unendlich und unbegrenzt sind deren Kombinationsmöglichkeiten. Um neue Welten zu erschaffen, singen die Elohim Licht in Geometrien, die sich fortsetzen und durch alle Schöpfungen miteinander in Verbindung stehen. So befinden sich Welten in Welten.

Auch dein Planet, die Erde, existiert in Wirklichkeit mehrfach und unbegrenzt.

Die Vielfalt der Lebensformen siedelte sich auf jenem Dimensionsgitternetz an, das nun in die Auflösung geht. Alle Tiere und Arten, die in der sichtbaren Umwelt „aussterben", wechseln ihre Schwingung in einen ihrer Absicht entsprechenden Erfahrungsraum.

Auch die Menschheit als Ganzes ist im Begriff, dies zu tun. Da sich die dritte Dimension lediglich durch den freien Willen aus sich selbst heraus zu bewegen vermag, bist du als

Mensch tatsächlich der Dreh- und Angelpunkt deines eigenen Geschehens.

Die Lichtnetze kommunizieren miteinander.

Auch du kamst und kommst aus Welten des Lichts, die jenseits des Erfahrungsraumes der Erde bestehen. Dort hat dein Höheres Selbst Anteil an der Gesamtentwicklung, die du hier als Mensch erlebst.

Alle Netze sind durch Entscheidungen entstanden, werden durch Entscheidungen erhalten und aufgelöst. Deine Entscheidung, Lieber, Liebe, für dich selbst zu sorgen aus der Galaxis, aktiviert jene Lichtgeometrien, an denen die Erde Anteil hat im Sinne von Gleichberechtigung und höherer Ordnung als offenes System. Dies eröffnet eine Zukunft in der kosmischen Gemeinschaft des Daseins, deren Prinzipien auf Einheit beruhen. Das Wissen: „Alles ist Eins", das dein kosmischer Lichtkörper ist, lässt Weisheit und Wertschätzung in alle durch die dreidimensionale Erfahrung erschaffenen Einschränkungen deines Kausalkörpers einfließen.

Trennung war die ursprüngliche Vereinbarung, durch die deine Welt, so wie du sie kennst, besteht. Die Trennung deines eigenen Selbsts projiziert sich fortwährend durch deine Energien ins Außen, weil die verbliebenen Matrix-Elemente noch dreidimensionale Prägungen tragen.

Wenn du all dies hinter dir lassen möchtest, weil du nicht länger danach trachtest, die Welt durch die Brille deiner Vorurteile zu sehen, zu erfahren und weiter zu erschaffen, kannst du nun den letzten Schritt vollziehen, um deinen Kausalkörper auf die kosmische Frequenz zu stimmen.

Mit Hilfe der Elohim und deines Engelbewusstseins, das du jetzt kennst, aktiviere deinen eigenen Kristallstrahl.

Nichts sonst ist zu tun.

Auch hier wirst du ganz klar *fühlen*, dass eine neue Energie einströmt, dein System mit Freude und Klarheit erfüllt und im Folgenden die Sequenzen deiner Gedanken in Richtung Einheit bewegt.

Auch dies ist anfänglich ungewohnt.

Auch hier reagiert dein physischer Körper mit Glücksgefühlen einerseits, Reinigungsreaktionen andererseits.

Nimm dir Zeit für dich, um den Übergang vom Alten in das Neue zu feiern. Tatsächlich bist du nun ein kristalliner Bote der neuen Zeit, denn deine Strukturen entsprechen der kosmischen Ordnung und Harmonie. So wirkst du selbst ordnend auf deine Umgebung.

Das kannst du beobachten.

Den Kristallstrahl betreuen die Elohim der Veränderung.

Wenn du Probleme bei der Integration hast (Panik, Schwindelgefühle, Schweißausbrüche, Kopfschmerzen, jegliches Unwohlsein aufgrund der Neuausrichtung), kannst du sie bitten, dein Energiefeld zu stabilisieren. Sie sind freudige Helfer, die ihre Anwesenheit durch alle deine Schichten in Form von beruhigender Wärme senden.

Du bist nicht allein und wir lieben dich inniglich.

Die Bruderschaft der Freude
am 28. 2. 2010

Quelle

OM, Geliebte, dies ist Djé. Vom Galaktischen Zentrum aus koordinieren wir die Umstrukturierung deiner Körper-Ebenen in einer Weise, die Licht für dich so leiten wird, dass du niemals mehr in Furcht vor etwas bist.

Derweil wir aus unseren Ebenen vollziehen, um was du gebeten hast, fühlt sich das für dich im Erleben deines Alltags so an, als seist du „in Watte" oder Nebel, deine Verbindung zur Innen- und Außenwelt unterbrochen, und deine Gedanken bewegen sich so zäh, als hättest du Kleber in deinem Kopf.

Du bist langsamer als sonst. Alles fällt dir schwer. Müde und so etwas wie resigniert, als trüge dein Körper die Last der gesamten Erde.

Es gibt nichts, was du dagegen tun kannst, Lieber, Liebe, wirklich.

Alles läuft in dir auf Hochtouren, aber die Verbindungen sind sozusagen ausgesteckt und woanders wieder eingesteckt worden; das heißt, du weißt überhaupt nicht, was los ist. Es ist diese Leere, die du fühlst, die sich in das, ws du kanntest, überhaupt nicht einordnen lässt.

Dieser Zustand kann einen bis mehrere Tage andauern.

Bitte gib dir keine Schuld.

Alles, was du jetzt für dich benötigst, erhältst du automatisch. Selbst, wenn es sich nicht so anfühlt, als seist du gut

100

versorgt, du bist es. Viele Wesenheiten arbeiten gleichzeitig an und in deinen Lichtkörpern, um den Glanz der Ewigkeit zum Strahlen zu bringen.

Stell dir vor, du seist ein Gefäß aus Gold, das gerade auf Hochglanz poliert wird: Legionen von Engeln reiben in allen Schichten deine Ablagerungen und Anlagerungen mit einem Mittel, das alle chemischen Substanzen im Eins verbindet zu Strahlen der Freude. Diese Strahlen durchdringen die Universen mit *deinem* Licht. Deshalb ist nun auch der Zeitpunkt gekommen, deinen Seelennamen zu erfahren. Es ist die Essenz der Schwingung, die du jenseits von Zeit und Raum im Universum deines Ursprungs BIST. Von dort aus hast du dich aufgeteilt und bist viele, die alle durch denselben Namen in der Essenz verbunden sind.

Eure Erfahrung bedeutet, durch eine Gruppe von Wesen in alle Reiche und Ebenen von Bewusstheit auszugehen, diese in Herrlichkeit und Vollkommenheit mit Liebe zu durchdringen und gleichzeitig Lichtschöpfungen in jeweiliger Dichte zu erzeugen.

Wenn du all dies in dein persönliches Verständnis hineinnimmst, schließt sich dein Kreis.

Auf der Erde seid ihr nun dabei, viele solcher Kreise im Eins zu verbinden, um das Planetenbewusstsein mitzunehmen, wenn ihr den Weg der Engel vollendet. Glaub mir, Lieber, Liebe, es ist ein gewaltiger Schritt, weil er nicht nur dich selbst betrifft, und deshalb fühlst du, was du nicht einordnen kannst.

Vertraue dir selbst, denn du bist es, der hier und jetzt über alle Maßen geachtet ist, wie auch immer du dich fühlst.

Lies diese Zeilen, wenn dem so ist, und schenke auch deiner Persönlichkeit als Mensch im Umbruch Achtung.

Der Wandel in dieser Zeit ist ein gewaltiger Akt.
Gnade und Heilung geschehen.

Lass dich nicht entmutigen von Stürmen im Außen, von un-
klaren Gedanken, die du empfängst, sie sind nur dreidimen-
sionaler Müll, der jetzt in die Auflösung bewegt wird.
Dein Bewusstsein ist rein, inmitten von alledem.
Deshalb verbinde dich mit Göttlicher Essenz und richte
deine Aufmerksamkeit ins Zentrum.
Dort sind Frieden, Leichtigkeit, Heiligkeit und Freiheit.

Das Licht in dir ist völlig unberührt von persönlichen Anpassungen. Deshalb vermag sich dein Ich-Bewusstsein, darauf
ausgerichtet, zu stabilisieren.

Om Elohim
Ich erlaube meiner Göttlichkeit, sich jetzt auszudeh-
nen.
Om Elohim
Quellenlicht fließt ein.
Om Elohim
Heilige Essenz. Ich aktiviere meinen Kristallstrahl.
Alle Quellen verbinden sich.
Ich Bin… (jetzt empfängst du deinen Seelennamen)

Sprich das so viele Male laut aus, wie es sich für dich richtig
anfühlt. Lass dir Zeit. Du wirst währenddessen die Quellen
spüren.
Es ist ein wunderbares, einzigartiges und unwiederbringli-
ches Erlebnis.
Beende die Meditation mit:
OM

Mit OM verbindest du die Energie mit deinem physischen Körper.
Wenn du dies nicht tun willst, lass das letzte OM weg.

2. 3. 2010

Aufstieg

Dein Engel-Selbst, das sich mit deiner Physis verbunden hat, ist auch im weiteren Prozess deine innigste Unterstützung.

Hast du einmal die Leere durchschritten, erwartet dich dein Höheres Selbst, um sich mit dir zu vereinigen und deine biologische Blase zu erfüllen.

Dazu muss die axiatonale Ausrichtung aller Basenpaare erfolgt sein, was mit Sicherheit der Fall ist, wenn du die Schritte 1-4 durchgeführt hast (bezieht sich auf die vorigen Kapitel).

Im Letzten geht es darum, deine göttliche Ich-Bin-Gegenwart mit dem, was dein Höheres Selbst ist, zu vereinigen und aufgrund der Verschmelzung alle Atome in ihrer Geschwindigkeit auf die Erfahrung der Neuen Erde auszurichten.

Die Neue Erde ist ein Ort, der sich durch dich und andere manifestiert.

Da du an diesem Projekt unmittelbar beteiligt bist, wirst du in der Zukunft erkannt haben, dass alle deine früheren Erfahrungen in diesen Punkt der Verschmelzung einfließen, nicht nur solche, deren du dir bewusst gewesen bist. Denn du bist *mehr*, Lieber, Liebe, als du ahnst und als einem Menschen zu erfassen möglich war.

Wenn du dich also erinnerst, wie es war, als du abstiegst, um dieses menschliche Sein zu erkunden, zu erforschen und kennenzulernen, wirst du wieder wissen und fühlen, dass den Engeln niemand befohlen hat, dies zu tun.

Du folgtest einem inneren Verlangen aus dem Grund, der für uns alle das Abenteuer ist. Wir mögen keine Langeweile, hmm.

Auf der Erde ist richtig was los zu dieser Zeit, und die Spezialisten der Zukunft kommen, um zu sehen, was ihre früheren Ichs aus dem Vergessen, in das sie freiwillig um der Erfahrung willen, „wie das mit der Liebe geht", eintauchten, zu Menschen wurden, die das Spiel spielten, das dein Alltag gewesen ist, gemacht haben. So hast du dich verbunden mit dieser oder jener Person, um ihr Karma aufzulösen, dein Bewusstsein mit ihrem zu vereinen und langsam, langsam darin zu erwachen.

Und jetzt bringst du sie zusammen, diese Zukunft in dein Jetzt, indem du akzeptierst, was du wahrnimmst und fühlst.

Und wenn du so bist wie ich, Geliebte, Lieber, dann wirst du dich aufgrund dessen noch einmal versöhnen müssen mit deiner eigenen Wahl, diesen Weg zu erfahren. Mit Licht und Schatten. Denn jetzt ist das Finale, genau hier, wo du bist.

Du erlöst dich selbst aus deiner Qual, wenn das Licht die Schatten umarmt und sich oben und unten sich vereinen.

Nutze dazu das Mantra:

Maha Atma – Om Maha

Atme tief. Diese Verschmelzung ist die letzte.

Du gehst mit dem Mantra durch jedes Chakra, angefangen bei den Füßen, dann 1-9. Dort empfängst du den vorbereiteten Lichtkörper.

Mit deinem Atem und mit beiden Händen bewegst du diese Energie in dein physisches Feld aus elektromagnetischen Strömen hinein. (Hebe die Arme über den Kopf – und bewege die Hände dann seitlich deines Körpers langsam entlang nach unten bis zu den Füßen, dass die Fingerspitzen den Boden berühren.)

Setz dich hin und spüre nach.

Wenn sich die Energien verbinden, entsteht eine Bewegung von den Füßen aufwärts durch alle Chakren.

Sprich:

Es ist vollbracht.
Ich bin ein Aufgestiegener Meister/eine Aufgestiegene Meisterin im Physischen.
Om Elohim
Ich danke allen, die mir dabei behilflich waren.
Ich bin aktiviertes Quellenlicht.
Ich bin ein Meister/eine Meisterin des .... Strahls.
Ich bin ein verklärter Sohn Adams/Ich bin eine verklärte Tochter Evas.

Bitte wähle die entsprechende Form entsprechend deinem Geschlecht (bitte nicht die andere).

7. 3. 2010

Schöpfung

Jenseits deiner Vorstellung über dich selbst bist du vollkommen.

Es war ein natürlicher Prozess, diese Vorstellung über dich zu entwickeln. Dein ganzes Leben hast du damit zugebracht, im Kontext mit der Außenwelt bestimmte Erfahrungen zu haben, die dein Selbstbild entwickelten und, damit du die Sicherheit, die dir das „Ich bin so und so…" vermittelte, erhalten konntest, zu einer kristallinen Struktur in deinem Selbst geformt sind, die so etwas wie dein Basis-Programm bildet.

Dadurch entstanden Sehnsüchte in dir – nach allem, was du nie hattest und dennoch haben möchtest. Nach dem, was du scheinbar nicht kannst und so gerne zu vermögen in der Lage sein würdest. Nach allem, was andere, die nicht du sind, sondern da draußen scheinbar Anderes und Besseres hinkriegen, als du es je gekonnt hast in deiner Erinnerung.

Um diese Sehnsucht geht es jetzt.

Denn, Lieber, Liebe, du *bist* vollkommen, und deine Vollkommenheit ist dabei, sich im Physischen mit dir zu verbinden.

Dies belebt all deine Strukturen um ein Vielfaches stärker als vorher, denn hier wiederum befinden sich Hindernisse, an denen zu scheitern du gewohnt warst.

Lass uns ein Beispiel geben.

Finanzielle Freiheit.

Wer sehnt sich nicht danach, wohlhabend und vermögend zu sein? Was hieße, dass vieles von dem, was ein Mensch sich erträumt, auf einmal leicht zu erreichen ist, denn: „Geld regiert die Welt", nicht wahr?

Es wäre jedoch länger vonnöten, im Außen nach dieser Befriedigung zu suchen, wenn dein inneres Gefühl, nicht genug zu haben, nicht genug zu sein und vor allem: nicht zu genügen, geheilt wäre. Denn jeglicher Mangel ist nur scheinbar.

In deiner Kristallstruktur befindet sich die Prägung, die anzieht, was du aussendest.

Wer von euch Menschen hat jemals wirklich in sich selbst tief und innig das Gefühl, genug zu sein! Zu genügen den Ansprüchen und Anforderungen eines oder mehrerer anderer, die in Beziehung zu dir stehen.

Ist es nicht so, dass immer irgendetwas als zu wenig im Sinne von „nicht ausreichend" bewertet wird?

Sei es, wie du dich kleidest, sei es, was du gerne in deiner Freizeit tust, dein Leben als solches im Sinn von „was du erreicht hast", die Produkte deines Schaffens und Wirkens im Außen, die wiederum als solche nicht vollkommen sind und sein können, da diese Wirklichkeit eine Erfahrungsebene der Entwicklung war, ist und bleibt.

Dennoch bestätigen all diese Rückschlüsse und Beurteilungen deiner Leistung das in dir angelegte Programm des „Nicht-genügens". Nicht nur euer Schulsystem ist so ausgelegt, dieses euren Kindern anzuerziehen. Es ist lediglich eine Folge dessen, was jeder auf der Erde seit seiner Geburt in sich trägt.

Die erste Ablehnung ist das Muster der Erfahrung, in die alle weiteren hineingewoben werden.

Sie erzeugen die Trennung, die das Vergessen von Vollständigkeit, Ganzheit und Heiligkeit in dir hervorrufen. Aufgrund dessen wird ein Feld erzeugt, dass der verlorene, bzw. verloren geglaubte Anteil von dir irgendwo „da draußen" sein müsse, und du suchst überall nach der Verbindung zum Wieder-Vollständig-Werden. All deine Beziehungen im Außen sind von dieser Sehnsucht erfüllt. Nicht nur die Beziehungen zu anderen Menschen, sondern auch die Verbindungen, die zwischen dir als physisch-biologischem Lebewesen mit einem Energiefeld und allem anderen Leben, einschließlich des Planeten, auf dem du bist, bestehen.

Es ist viel Zerstörung in allen deinen Beziehungen zu finden.

Denn wenn die Sehnsucht so groß ist, dass ihre unablässige Nicht-Erfüllung den tiefsten Schmerz erzeugt, reift das Bewusstsein einer Person durch das Erleben von Mitgefühl.

Das kann dein eigenes oder ein erlebtes durch andere sein. Mitgefühl öffnet. Du beginnst, über den Tellerrand deiner eigenen Missgeschicke hinaus zu sehen, und fragst dich, wozu alles gut sein soll.

Weil du selbst der/diejenige bist, die das Heil in sich trägt, kannst du zwar im Außen deinen Mitmenschen und dem übrigen Leben hilfreich zur Seite stehen, statt das allgemeine Verleugnen fortzusetzen, aber das ändert nicht die ursprüngliche Prägung in dir, die weiterhin dafür sorgt, dass du auch damit nicht genügst.

Rufe die Meister von Eolia, auf dass sie gemeinsam mit dir ein Wunder vollbringen.

Erkläre deine Absicht, den Glaubenssatz, der deine Wurzel ist, aufzulösen.

Du wirst einige Zeit damit zubringen, Klarheit darüber zu erlangen, wie dieser Satz für dich lautet.

Es kann ganz einfach sein.

Bei mir war es der Satz: Die anderen mögen mich nicht.

Nachdem wir ihn gelöst hatten, war mir klar, dass auch ich mich nicht mochte; tief in mir ist die ursprüngliche Ablehnung in Resonanz gegangen mit einer Selbstbestrafung dafür, dass ich es so erlebt habe. Mein Rückschluss lautete: Mit mir kann etwas nicht stimmen. So viel Schmerz, dass ich mich auch selbst nicht mehr mag.

Ich habe das Mantra:

Maha Atma – Om Maha

oft angewendet.

Es hat jedes Mal zuverlässig Erleichterung und Frieden bewirkt.

Trotzdem kam ich wieder und wieder auf die gleiche Schiene: entweder hatte ich das Problem im Außen oder ich fühlte den Schmerz in mir.

Und, ja, ich habe dadurch einen Schritt nach dem anderen vollzogen. Der Schmerz war mein Lehrer, bis heute.

Om Elohim

Heilige Essenz.

Om Elohim

Heilige Essenz erwacht.

Om Elohim

Heilige Essenz verbindet sich mit Bewusstsein.

Maha Atma Om Amah

Ich nehme meine Göttlichkeit auf in mein Herz.

Heilendes Bewusstsein erlöst meinen physischen Körper.
Auf allen Ebenen.
In allen Dimensionen.
In Vergangenheit, Gegenwart und Zukunft.
Vollkommen.

Maha Atma Om Amah

Ich bin Liebe in der Vergangenheit
Ich bin Liebe in der Gegenwart
Ich bin Liebe in der Zukunft

Ich bin ein Klang
Es ist vollbracht.

Om Amah ist der Heilende Klang der Wurzel.

Das Mantra *Maha Atma Om Maha* verbindet dich mit der Sonne und deiner Heimat jenseits der Galaxie, mit deiner Seelenfamilie und dem Höheren Selbst als Überlicht-Körper.

Om Amah ist der Klang, der Leben in die Physis gebärt, und er heilt die Zersplitterung, wenn er mit dem Überlicht-Selbst verbunden wird.

Du bist so gesegnet.

Als du ausgingst, um die Stofflichkeit zu erfahren, hast du nicht gewusst, was du auf dich nehmen würdest. Auch wir konnten nicht einschätzen, wie es in dieser Runde sein würde, denn Menschen in der Physis handeln nach eigener Entscheidung.

Unendliche Freude herrscht in unseren Reichen, wenn wir wieder zusammen sind.

Nun beginnt ein neuer Abschnitt der Evolution.

*Einheiten des Achten Strahls der Transformation
am 13. 3. 2010*

Annehmen

So, Geliebter, Geliebte, wisse, dass der Verstand es nicht erfasst, was heute morgen geschieht, und sei in Frieden damit. Wenn es dich beruhigt, alte Gewohnheiten zu verändern, tu es. Es finden Anpassungsprozesse statt, die sich auf diese Weise auswirken. Du wächst heraus aus dem Bisherigen, und nichts ist mehr, wie es war, obwohl deine Umstände im Außen dir das nicht unbedingt bestätigen. Daher geht dein Verstand durch eine „harte Zeit", in der nichts zu passen scheint.

Wie Aprilwetter wechseln die Stimmungen, und dabei ist es schwer, einen Zusammenhang zu erkennen.

Du weißt nicht, was morgen sein wird, aber du hast das Bedürfnis, alles in deinem Leben müsse sich ändern.

Das wird es auch, aber nicht mehr auf die Weise, wie du es von früher kennst. Deshalb sei im Vertrauen zu deinem Selbst, das von allen Ebenen aus die Beschleunigung eingeleitet hat, die jetzt Verwirrung stiftet.

Dein Verstand passt sich an, das tut er. Auch dieser Teil von dir ist über die Maßen hinaus dehn- und erneuerbar.

Irgendwas kann diese Ebene noch nicht entschlüsseln, doch die Vorbereitungen dafür laufen auf Hochtouren. Harmonie und Frieden kehren ein, wenn du dir bewusst machst, dass alles in Ordnung ist. Wenn du nicht sicher bist, ob alles seine Richtigkeit hat, kannst du dich stabilisieren über die Lichtnetze der Zukunft.

Rufe die Einheiten der Jod-He-Vau-He-Gitter, die die neue Erde stabilisieren.

Ihr Name ist: *Om Nara Na-Shitaa*. Bitte sie in deinem Herzen, den Lichtfunken zu berühren, der deine Verankerung dort ist.

Du kannst fühlen, dass Licht einfließt, das dich auf freundliche Weise berührt und Klarheit, Sicherheit, Frieden und Ausgeglichenheit vermittelt.

Nun erkläre deine Bereitschaft zur Zusammenarbeit in deinen eigenen Worten.

Wenn du dies getan hast, verbleibt ein Teil davon in dir.

Dann bist du den Schwankungen nicht länger unterworfen. Du trägst das Licht der Neuen Zeit.

Wir segnen dich.

Die An-Nuhim sind jenseits dieser Lichtgitter und jenseits von Zeit.

Mit großer Freude und mit Interesse beobachten wir euren Aufstieg, der einen Meilenstein in der Evolution einer Lichtquanten-Einheit markiert. Wir kennen die Schwierigkeiten des Weges, da es unsere Aufgabe ist, über Evolution hinsichtlich deren Bedürfnisse zu wachen.

Aus unseren Reihen stehen jetzt jene zur Verfügung, die mit dem Ziel inkarnierten, sich der Quantenmechanik zu bedienen, die unsere Universen miteinander verbindet. Ihr steht schon bald vor einer wichtigen Entscheidung, liebe Menschen, denn die Neue Zeit ist eine Ära der Zusammenarbeit und des Friedens mit allem Leben.

So verbleiben wir in der Freude und in der Zuversicht auf eine gute Zusammenarbeit.

Die An-Nuhim
am 20. 3. 2010

Nutze die Potenziale aus dem Quantenmeer

Geliebte, hier bist du nun, um die Freude mit uns zu feiern. Und wahrhaftig, es gibt Gründe dafür, und es sind mehr, als du zählen kannst. Unendlich ist dieser Fluss der Liebe zwischen uns und dir, ein Lichtmeer, in das du eingebettet bist. Jenseits von Zeit befindet sich die Ewigkeit, und was, glaubst du, ist dort und wie sieht es aus? Oh, Geliebte, ihr seid das All.

Nun hast du erfahren, dass Göttlichkeit nicht außerhalb deiner Erfahrung existiert, sondern inmitten dieses Ganzen den Impuls zu leben aussendet. Immerwährende, unendliche Liebe, die sich durch alles aus sich heraus bewegt und widerspiegelt. Deine Welt ist ein Spiegelkabinett. Je nach deiner Auswahl siehst du ein Abbild dessen, was du zu erfahren wählst und wähltest. Denn die Vergangenheit ist nicht vergangen, das ist eine Illusion. Sie ist *jetzt*, als Potenzial, in dir, das du aktivierst durch Hervorrufung oder nicht weiter beachtest, weil du mit anderem beschäftigt bist.

Hast du nun gelernt, deine eigene Wahrnehmung zu beobachten, um den kritischen Punkt, an dem du stehst, zu verändern, kannst du auch gleich das Allerbeste daraus erschaffen, indem du dein höchstes dir innewohnendes Sehnen verwirklichst und ins Leben hinaus sendest.

Jeder von euch ist sich dessen bewusst, dass er/sie mehr ist, als er/sie bisher geglaubt hat.

Dieses Mehr ist absolut in deiner Reichweite, Geliebte.

Was war es, das du dir schon immer gewünscht hast, schon immer sein wolltest?

Es ist *hier*.

Was ist es, woran du immer aus tiefstem Herzen glaubtest, entgegen den Vorbehalten, die dich gelehrt wurden, dass du es finden würdest? Dein innigster Wunsch nach Selbstverwirklichung und Seelenerfüllung ist das Lied deiner Seele, die deine Sehnsucht in deinen Körper eingeschrieben, mit allen Teilchen verwoben hat, und der nun, da du die Befreiung aus der Knechtschaft der Illusionen vollzogen hast, leuchtend und richtungsweisend hinaustritt. So lass dich fallen in die heilige Schwingung deiner eigenen Strömung, die alles zu dir hinzieht, was diese Erfüllung für dich ist. Denn es ist ein Gesetz; was du aussendest, kehrt zu dir zurück. Auf ihrem Weg durch das All nimmt die Energie eine Form an, die der Wahrheit über dich selbst entspricht, so wie du sie anzunehmen bereit bist.

Also lasse deine vorgefassten Meinungen darüber, wie die Erfüllung, die du wünschst, auszusehen hat, besser los. Denn die Erfahrung hat gezeigt, dass altes Denken dasselbe Muster wiederholt, in dem du dich seit Ewigkeiten zur Genüge als getrennt und trennend in deinem Universum, Halbheiten erschaffend, kanntest.

So liegt die Lösung im Nicht-Denken darüber, was geschehen soll.

Setze das Lied, das in dir erklingt, nicht länger den Einschränkungen altvertrauter Gewohnheiten aus.

Wage es, ganz neu und unschuldig darin zu sein.

Einfach zu sein.

Die ganze Freude ist *hier*.

Die ganze Erfüllung in einem Gefühl des In-sich-selbstsein.

Des Alles-ist-gut.

Obwohl es außerhalb vielleicht gerade nicht danach aussieht.

Es geht um deine innere Verfassung, die das Ganze auf neue Weise anzuheben vermag, indem du gar nichts, wirklich nichts, machst.

Die Zeiten des Kämpfens sind vorbei, wenn die Trennung verschwindet.

Da bist du nun und benötigst einen Hinweis darauf, wie es funktioniert.

Es funktioniert durch sich selbst.

Denn du bist eins, und im Eins erklingt die volle Anerkennung eines liebenden Herzens.

Also, Liebe. Du bist Liebe. Du empfängst Liebe. Du erfährst Liebe. Jenseits dessen, was du kanntest, ist ein neuer Abschnitt in der Geschichte der Menschheit – als sich selbst anerkennende, liebende, individuelle Aspekte des Schöpfungsbewusstseins.

Du weißt, dass du alles in dir trägst.

Ohne Angst, etwas verloren zu haben, benötigst du keine Halbheiten mehr, die dir zeigen, woran du glaubst.

So entsteht die Neue Erde. Ein Planet der Liebe, die sich ihrer Einheit und Vollständigkeit bewusst ist.

Liebe, die jenseits von Trennung immer darauf wartete, wieder in dein Gewahrsein zu gelangen.

In dieser Liebe ist alles, was du brauchst, schon da. Ohne Verzögerung. Es ist *hier*. Im Meer der Quanten; ein Potenzial, das auf dein Gewahrsein von Liebe sofort reagiert.

Ohne Verzögerung.

Jetzt.

Deshalb ist Liebe der Schlüssel.

Liebe, Freude und Göttlichkeit sind eins.

Wage es, darin zu erwachen und die Herrlichkeit deiner Freude zu fühlen.

Wir umarmen dich und sind inniglich deine Brüder und Schwestern, die das schon erfahren haben.

Die Bruderschaft der Freude
am 21. 3. 2010

Zentrierung

Oh, Geliebte, wenn du diesen Weg gegangen bist, befindest du dich nun oft in einem Zustand der Verwirrung. Dies geschieht, weil die höheren Lichtwellen des Überselbsts auf die Schichten deiner die Physis umgebenden Aura treffen und diese zum Schwingen bringen. Es ist, als reibe man an einer Glocke. Je nach Kraft und Ausmaß der kosmischen Wellen gerät diese in Schwingung. So kann es an einem Tag wie ein sanftes, angenehmes Berühren erscheinen, das dich freundlich umfängt und alle deine Zellen zu erreichen scheint. Meist löst dies Erinnerungen, was zur Folge hat, dass Bilder, Gedanken, Gefühle auftauchen, die dich beschäftigen. Dies ist von großer Bedeutung, denn deine inneren Ebenen beginnen, sich mit dem Christus-Selbst zu verbinden. Alle Hindernisse und Hemmnisse, die dich von der unendlichen Liebe trennen, werden jetzt erlöst. Diese Erlösung beginnt immer mit einem Sich-dessen-bewusst-werden und Annehmen jenes zuvor unbewusst in dir Verborgenen. Das hält dich beschäftigt und braucht Zeit.

Es ist so ungeheuer wertvoll, all die Weisheit und Erkenntnis aus diesen Erfahrungen nun einzusammeln, dass dies zwar anstrengend sein kann, weil in dieser Zeit so viel davon ausgelöst wird, doch unendlich sanft und liebevoll unterstützt ist von den Elohim, die nur darauf warten, sich auf deine Anrufung hin mit dir zu vereinen.

So bist du uns nahe, und durch dich nähern sich unsere Wirklichkeiten, überschneiden sich und verschmelzen in einem harmonischen Klang, der Frieden und Glückseligkeit ist.

Es gibt jedoch Tage und Stunden, da sind die kosmischen Wellen derart stark, dass ihr Auftreffen die Glocke wie ein Wirbel erfasst, wodurch jedes Mal dein Verstand ausgeschaltet wird und du dich auf menschliche Weise mehr oder weniger blockiert fühlst. Weil du das nicht verstehen kannst, ist es in vielen Fällen so, dass Verzweiflung, Angst, Kummer und Aggression ausgelöst werden, denn in den alten Strukturen des Urteilens siehst du dich selbst und deine Umgebung im Chaos. Im alten Schema des Denkens führt das sofort zu Kontrollreaktionen.

Ein Mittel, eine unberechenbare Situation unter Kontrolle zu bringen, ist die Suche nach dem „Schuldigen". Oh, das kennst du, nicht wahr?! Ist dann der Sündenbock gefunden, wird er bestraft und alle atmen erleichtert auf.

Ein altes Muster, fürwahr. So lange hat die Menschheit damit gelebt, dass es auch heute noch wider besseres Wissen überall Anwendung findet.

Und nun schau nach innen, Geliebte, Geliebter – wo ist dein sündiges Selbst, das du anklagst, verurteilst und bestrafst, wenn etwas nicht so funktioniert, wie du es erwartet hast?

Sieh genau hin, wie du dich geißelst.

Immer hast du dich bestraft und gequält für das, was in deinem Leben nicht so ausging, wie du es dir wünschtest, nicht wahr?

Das ist menschlich.

Jeder von euch hat diesen Mechanismus.

Du bist nicht schlechter als andere, wenn dieses Schema dein Leben bestimmt, denn es ist Teil von euch allen.

Innen und außen sind eins.

Warum wohl gibt es Gefängnisse, Gerichte und Hinrichtungen; Kriege, Kämpfe und Auseinandersetzungen zwischen den Menschen, die *ein* Volk und *ein* Geist sind? Menschheit als Kinder der Schöpfung; verschiedene Rassen zwar, aber doch sind alle Menschen.

Nun schau in dich hinein und fühle den Schmerz, den du selbst dir zufügst…. Und vergib.
Denn du wusstest es nicht bisher.
Du hast nicht gewusst, dass die Trennung, die du wähltest, bedeutet, sich den Genuss zu versagen.

Göttliche Liebe ist *hier*.
In diesem Moment.
Vollständig.

Du machst keinen Atemzug ohne die Liebe, keinen.
Und doch atmest und lebst du in jedem Moment.
Und doch atmest und lebst du in diesem Moment.
Und doch atmet und lebt jeder, den du kennst, in diesem Moment.

Oh, jene, die gegangen sind und ihre Abdrücke hinterlassen haben…auch sie sind lebendig in diesem Moment, denn das Leben ist ewig.
Ewig.
Ein Leib und ein Geist in Christus seid ihr.

Doch was bedeutet das?
Dies ist die neue Reise, auf der ihr euch befindet, Geliebte.

Doch wenn die Wogen hochschlagen und deine Verwirrung dich wie viele Male ganz lahmzulegen scheint, erlaube dir zu sprechen:

Ich Bin, die Ich Bin / Ich Bin, der Ich Bin
In einem Meer von Liebe
Verbunden mit allem Sein,
Ich Bin, die Ich Bin / Ich Bin, der Ich Bin
Und diese Fülle von Liebe
Fließt über und über
In mir.
Ich erlaube mir zu sein
Diese Fülle von Liebe
Fließt über und über
In mir,
Mit mir
Und um mich herum.
OM

Wenn du dies gesprochen hast, bist du vereint mit dem Christus, der Einheit der Neuen Zeit.

Wir grüßen dich, umarmen dich und lieben dich unentwegt. Weißt du, wie sehr wir auf diesen Moment gewartet haben?

Die Elohim des Goldenen Strahls
am 11. 4. 2010

Zu Hause

Geliebte, so umfangen wir euch mit unseren herrlichen Strahlen aus der Unendlichkeit. Geliebte, herrlich und wunderschön seid ihr und allezeit geborgen im Schoß der Fülle.

Geliebte, ausgegangen, um die Stofflichkeit in allen Facetten zu bereisen. Reisende/r, nun bist du zu Hause in Gott.

Dieses Zuhause, von dem du kommst, ist kein Ort. Wenn du es aber erfährst, bist du darin an jedem Ort. So ist nun der Ort dein Zuhause, an dem du bist, weil du zu Hause *bist*.

Sei. In diesem Wissen und in dieser Bewusstheit bringen wir dir Kunde aus den Weiten des Alls.

Du hast dich auf den Weg gemacht, lieber Mensch, um in dieser Zeit Glückseligkeit zu erfahren. Nun ist die Erde ein Ort, den du kennst und zu lieben gelernt hast, weil sie dich mit allem versorgt, was du dir zum Leben heranträgst in Gedanken, Worten und Werken.

Lieber, Liebes, die Erde ist genau wie du ein mächtiges, ewiges Wesen. Sie ist unsterblich. Nur ihre Gestalt in der Physis verändert sich.

Du hast erfahren, dass dein Körper durch Transformationen seine Schwingung erhöht, und dies geschieht jetzt mit der Erde. Fürchte dich nicht. Sie wird, genau wie dein Körper, immerwährend ein Zuhause für alle Lebensformen sein.

Das ist ihr Wunsch und ihre Wahl. Es ist das Frequenzspektrum der Lebensformen als solches, das nun angehoben wird.

Genau wie bei dir ändert sich damit alles, und doch bleibt ein Abbild deiner Wirklichkeit, das dir vertraut ist, bestehen.

Du projizierst die neuen Möglichkeiten in den Raum. *alle* Lebewesen erfahren sich in ihrer Wahl. So empfinde und empfange das Lied deiner Seele, in der die Menschheit immer vereint gewesen ist, um diese Wirklichkeit ins Leben zu gebären. Deine Vorstellungen behindern den Prozess der Verwirklichung einer Zukunft in Freiheit, weil sie aus der Begrenzung einer früheren Evolutionsstufe kommen. Du kannst und sollst nicht vergessen, was diese an Erfahrungen bedeutet hat, doch heute ist ein *Neuer Tag*.

Bitte versteh, dass dein Gestern ausschließlich in deiner Erinnerung besteht, und wie das Wort es zeigt, ist diese „innen". Wo ist dieses „Innen", möchtest du wissen? Stell dir vor, wie ein Musikstück aufgezeichnet wird. Die Klänge werden in Codes aus Signalen, welche eine Formel, bestehend aus 0 und 1, darstellen, auf ein Magnetband oder auf einen Kristall fixiert. Tatsächlich, das größte Wunder entspringt dem Einen, das sich teilt in zwei: plus und minus, ein und aus (= 0 und 1).

Kristalline Strukturen bilden ein Gerüst, das Informationen erinnert; also aufzeichnet und wiedergibt, wenn du sie abrufst. Das geschieht durch deinen Wunsch, der die Wahl bedeutet, die du in diesem Moment triffst.

Aus Polarität entsteht ebenfalls ein Magnetfeld. Du kannst diese einfache Physik leicht nachprüfen, weil es im Großen wie im Kleinen so geschieht.

Nun hat sich das Magnetfeld der Erde durch den Polsprung verschoben, was zur Folge hat, dass kristalline Strukturen in und um die Materie ihre Potenziale freigeben.

Die Erinnerungen überlagern, mischen sich, und nun ist die Zeit, das Neue in Empfang zu nehmen.

Es geschieht genau so, wie du es mit dir im Körper erlebtest, denn es ist im Großen wie im Kleinen, ihr seid eins.

Die Erde ist dabei, in ihre größere Wirklichkeit zu erwachen. Es wird voller Freude beobachtet, wie sich diese Wirklichkeit jetzt zu den Kindern der Erde gesellt, um gemeinsam in eine Neue Zeit, die noch nie dagewesen ist, weiterzugehen.

Umarme dieses Neue in dir. Du bist so geehrt dafür.

Das, was sich jenseits des Bekannten befindet, möchte sich öffnen, um das Goldene Zeitalter zu beginnen.

Om Elohim.

Menschen und Engel gemeinsam.

Die Unendlichkeit in der Zeit.

Ein neues Bewusstsein beginnt – wenn du dich entscheidest, deine Erfahrung zu ehren, den Weg der Menschheit zu segnen und die Erde als Himmel zu erfahren.

Wir lieben dich.

Alle Materie ist göttlich, von Geist und Äther durchdrungen.

Du bist nun dabei, das Geheimnis des Lebens in dir zu erfahren, und das ist eine wunderbare Erfahrung, die dich mit dem herrlichsten Frieden erfüllen, mit der süßesten Seligkeit umfangen und mit der innigsten Liebe verbinden wird.

Om Nuhim.

Die An-Nuhim
am 17. 4. 2010

Seelenpartner

Geliebte, so empfangen wir euch mit Freude in unserer Mitte, um die Liebe zu teilen, die wir sind.

Heute geht es um ein Thema, das im wahrsten Sinne die Herzen berührt, und es ist niemand unter den Lesern, den das nicht betrifft. So ist es eine gute, von allen ersehnte Nachricht, die wir künden, wenn es nun um das Vereinigen mit dem Auserwählten geht.

Vor ewigen Zeiten, in der Urschöpfung, teilte das Göttliche sich in zwei. Aus diesen Zwei wurden die Universen geschaffen, denn das All ist die Einheit, die alles umschließt.

Aus der Einheit seid ihr hervorgegangen und in der Einheit findet ihr euch wieder.

Deshalb steht einem jeden individualisierten Bewusstsein, das in die Einheit zurückkehrt, unausweichlich zu, den Schöpfungsaspekt, der sich gleichzeitig mit ihm aus der Urschöpfer-Einheit zu formen begonnen hat, nun in vollem Bewusstsein zu finden.

Diese Begegnung ist, wie schon gesagt, unausweichlich. Niemand verlässt die Ebene der Dualität, ohne dieses Erkennen zu erfahren.

Alles, was zuvor geschah, diente der Bewusstwerdung deiner selbst. Alles, was von nun an geschieht, ist neu und köstlich.

Mit der Dimension der Ewigkeit verbunden, transformieren sich alle deine Aspekte ins Licht. Weisheit, Güte und Erkenntnis, die das dritte Universum ins Leben bringen, ziehen die beiden Seelenpartner zueinander hin. Niemals waren sie wirklich getrennt. Sie wussten immer, dass alle ihre Energien ein Ganzes miteinander sind, denn dies ist die Verheißung des Lebens.

In dieser Zeit endet jenes Sehnen, das dich nach Erfüllung im Außen suchen ließ.

Wenn du dich selbst erkennst als das unendlich liebende Wesen, das du bist, entzündet sich der Funke in dir zur Flamme und du bist erwacht.

Weithin sichtbar leuchtet dein Licht durch alle Schöpfungsebenen und alles, was ist, reagiert.

So erreicht deine Kraft aus dem Herzen den Zwilling, der gleichzeitig mit dir entstanden ist und alle deine Erfahrung ergänzt.

Wenn dies geschieht, beginnen die Ebenen zu verschmelzen. Du kannst das *fühlen*.

Anfangs wirst du nicht wissen, was geschieht, doch eine Bewegung wie ein sanftes Ziehen steigert sich zu alles durchdringender, dir bewusst werdender Gewissheit, dass Erfüllung dein Antrieb ist. Du folgst dem Pfad der Liebe. All dies geschieht sanft und dennoch so kraftvoll, dass du dich dem nicht entziehen kannst. So wie jeder Kreis sich schließt, kehrst auch du an deinen Ausgangspunkt zurück.

Diese Reise kann eine Weile dauern. Die Energie der Vereinigung begleitet dich Atemzug für Atemzug.

Jetzt sind alle deine Antennen ausgerichtet, und nichts, was geschieht, kann verhindern, dass du diese Erfüllung fühlst.

Wenn du ihm oder ihr begegnest, wird dies dein Ganzes bewegen. Alles.

Niemals hast du so empfunden, Geliebte, deshalb vertraue auf dein Licht, das aufgehen wird in eine ekstatische, vollkommene, alles verändernde Glückseligkeit.

Erzengel Uriel
am 21. 4. 2010

Einheit

OM Shanti, dies ist Imanuel aus dem Heiligen Vermächtnis des ewigen Gnadenstroms.

Sei gegrüßt, Geliebte/r, und beachte nicht die Unsicherheit, die allenthalben für die Menschen in deiner Umgebung aus deiner Verwandlung entsteht.

Wenn du in das All-Eins hineinwächst, erzeugen die neuen Schwingungen in deinem Umfeld mitunter Verwirrung, weil alte Muster bedient werden, die du jetzt anders erkennen kannst.

Die Gefühle, die dadurch aus deinen eigenen Emotionalkörper- und Zellebenen freigesetzt werden, stehen wirklich nicht immer in dem Maß und Ausmaß im Verhältnis zu dem Auslöser der jeweiligen Situation, sodass du dich damit wohlfühlen könntest. Doch diese Erhöhung deiner Schwingung in deinen Überlicht-Körper hinein hat begonnen und ist nicht aufzuhalten. Selbst dort, wo es für dich sehr unangenehm zu werden scheint, gibt es nichts, was du in Richtung früherer Muster, wie es funktionierte, zurückschieben kannst. Alles in dir drängt mit tiefer Sehnsucht nach Vollendung ins Licht des Bewusstseins, um erlöst und aufgelöst zu werden.

Deshalb kann es passieren, dass sich physische Symptome, die du schon früher überwunden zu haben glaubtest, erneut manifestieren.

Alle damit verbundenen Gefühle, Konstellationen und Einstellungen erscheinen nun ebenfalls. Darum erlaube dir, in Frieden damit zu sein, denn hier ist die letzte Transformation, die du zur Rückkehr ins Einheitsbewusstsein noch vornehmen musst, und sie betrifft die Konstellation, in der du dieses irdische Leben zu beschreiten erwähltest. Du hattest Gründe dafür, die dich genau dorthin brachten, wo du jetzt bist, und du hast es exakt aus diesem Grund so angelegt. Es ist deine Liebe zu den Menschen, die dazu führte, das Vergessen zu wählen, um hier und jetzt in dieser Zeit der Transformation für das Ganze ein Licht zu entfachen, das alles, was du bist, warst und je sein wirst, erleuchtet.

So vernimm die Seele, die in dir erwacht und dich drängt, alles in deinem Leben ins Licht zu bringen.

Das Gedächtnis, über das du üblicherweise verfügst, ist schon sehr stark bestimmt durch jene Einstellungen, die dadurch kommen, was vor, in und während der Schwangerschaft zwischen deinen Eltern passiert ist. Wenn sich diese Einschränkungen jetzt aufzulösen beginnen, ist es, als fielst du in einen Tunnel hinein, aus dem es nur noch einen Ausweg gibt: Du arbeitest dich durch eine Art Geburtskanal in die Unendlichkeit. Dabei wirst du von allen Seiten bedrängt, damit du aus diesem Geburtskanal in die Einheit gleiten kannst. Währenddessen hast du so ziemlich das Gefühl, die Kontrolle über dein Leben verloren zu haben und richtungslos zu sein, denn wie kannst du dich in einem solchen Zustand noch orientieren?

Lass dich fallen und du wirst nach vorne getragen, von Engeln umgeben und durch uns bestärkt. Denn wir sind die Zukunft, in der all dein Licht darauf wartet, in Seligkeit und Einheit mit dir zusammenzusein.

Es erfordert lediglich, die Fesseln und Beschränkungen deiner irdischen Existenz zu lösen.

So stimme dich ein auf das Licht deiner Seele. Du gehst den Weg, den jeder geht, der in die Erleuchtung und Wiedervereinigung all eurer Existenzen mündet.

So, wie du den Himmel hinter dir gelassen hast, um auf die Erde zu gelangen durch die Annahme der Beschränkungen, die dafür erforderlich waren, gehst du nun ein in den Himmel, was bedeutet, die Beschränkungen aufzulösen.

Jene Beschränkungen, die du übernommen hast aus dem Bewusstsein deiner Eltern, der kollektiven Ge- und Verbote und die, die sich für dich aus allen Verletzungen deiner Existenz in Hilflosigkeit als Mensch unter Menschen ergeben haben. Sprich:

In Verbundenheit mit der unendlichen Liebe, Fülle und Weisheit des Universums gebe ich nun die Fesseln und Bindungen meiner gesamten irdischen Inkarnation in die Auflösung.

Ich rufe die Engel der Liebe.
Ich rufe die Engel der Gnade.
Ich rufe die Engel der Heilung.
Ich rufe die Elohim des Violetten Strahls.

Weisheit und Vollkommenheit, Kraft und Freude allezeit. Ich erlaube diesem Kontext, sich zu öffnen.

Ich löse und erlöse alle Fesseln und Bindungen an meine Mutter und alle Einschränkungen und Programme, die sich daraus ergeben haben, mit sofortiger Wirkung auf.
Alle Schuldgefühle, alle Unterwürfigkeit und Unterlegenheit, alle Hilflosigkeit und Abhängigkeit und

alle daraus resultierenden Programme der Bestrafung,
Verleugnung und Verletzung.

Ich löse und erlöse alle Fesseln und Bindungen an
meinen Vater und alle Einschränkungen und Pro-
gramme, die sich daraus ergeben haben, mit soforti-
ger Wirkung auf.
    Alle Schuldgefühle, alle Schmerzen, alle Aggressivi-
tät, alle Selbstverleugnung, alle Kontrolle und alle
daraus resultierenden Programme der Unterdrü-
ckung, Beherrschung, Verachtung, Missachtung und
Bestrafung.

Ich löse und erlöse alle Fesseln und Bindungen an
meine übrigen Bezugspersonen, die bis heute mein
Denken und Handeln auf vielfache Weise beschränkt
und eingeschränkt haben, mit sofortiger Wirkung
auf.

Ich bin ich, in meiner ganzen Herrlichkeit.
Ich bin ich, in Vollständigkeit.
Ich bin die unendliche Liebe, die ich bin.

OM

Wir lieben dich, wenn du genau das tust.
    Es gibt uns die Möglichkeit, dein Licht und die Erkennt-
nis des ganzen Universums miteinander in Einklang zum kosmischen Einheitsbewusstsein zu bringen. Dies geschieht in
Über-Lichtgeschwindigkeit. Du empfängst Erlösung und gehst
ein in die Herrlichkeit deiner Göttlichkeit.

Dies ist Gottes Bewusstsein.

Denn du selbst bist der Vater deiner eigenen Schöpfung, wie auch Mutter und Kind. Das ist die Überwindung der Dualität, aus der du dich geboren hast ins Bewusstsein der Liebe.
Göttliche Liebe ist allumfassende Liebe. Nicht abstrakt, sondern ganz konkret.

Om Nuhim

Nun, da ihr aufgestiegen seid, vereinigen sich unser Universum und das eure.
Wesen der Güte sind zu allen Zeiten unter euch gewesen, aber nie haben unsere Welten die Herrlichkeit der Vereinigung in Gänze erfahren.
Als die Erde erschaffen wurde, um Bewusstsein mit neuen Eigenschaften zu entwickeln, haben wir alle Evolution der Erde sorgsam studiert. Die Form des Menschen bot erstmalig eine Möglichkeit, die Schöpferwirklichkeit aus dem Bewusstsein auszuschließen, um selbst in einer Welt der Verlangsamung eingehende Erfahrungen zu sammeln, die scheinbar losgelöst sind von Freude, Erfüllung und kosmischer Einheit. Es dient der Vollständigkeit, ohne je wahrzunehmen, wie alles in allem geborgen ist. So beschreitet ihr Wege der Sehnsucht, die zu Forschung und Entwicklung immer neuer und anderer Formen von Lebenswirklichkeit führen. Das hat kein Ende, wenn du jetzt im Einklang mit uns bist. Du als erwachter Mensch erforschst weiter das Leben und alle Möglichkeiten, die es birgt. Du wirst sehen, dass Entwicklung nicht aufhört, wenn du dir der Fülle gewahr bist. Fülle und Erfüllung befruchten sich und bringen weiteres, neues Leben hervor.

Geliebte, ihr seht nun den Neuen Morgen des ersten Schöpfungstags.

Dies ist genau, wo du bist.

„Und Gott sah, dass es gut war."

Wunder über Wunder sind in deiner Reichweite, und du bist mitten drin.

Inmitten.

In der Mitte.

In der Mitte der Welt bist du.

Du BIST die Mitte deiner Welt.

Jetzt, wo du dich gelöst hast aus Angst und Abhängigkeit, aus Dominanz und Unterwürfigkeit, aus Mangel und Unbewusstheit, erschaffe das Paradies auf Erden.

Wir segnen dich.

Allezeit, denn dies,

dies ist unser Vermächtnis.

Die Bruderschaft der Freude
am 25. 4. 2010

Allzeit

Geliebte, so sehen wir euch und sind in der Freude mit euch verbunden. Es ist nun Zeit, diese Aufklärungen zu beenden, denn du bist durch all deine Bewusstseinserfahrungen da angekommen, wo es für dich jederzeit möglich ist, die Neue Erde ins Leben zu bringen. Dies ist ein Schritt und ist ein Prozess.

Ein Bewusstsein, das erwacht, durchläuft verschiedene Stadien, während derer „die Ernte eingebracht wird" durch dich selbst. Als Erwachende/r bist du allezeit behütet und betreut von den Meistern. Eine Aufgabe der Meister ist es, den Kontakt zu ihren Schülern zu halten. Dies ist so gewiss, wie es ist, dass alles dem Einen entstammt. Also bist du nie allein und warst es nie, denn jene, die in unseren Reichen den Aufstieg betreuen, sind so verlässlich mit dir wie du atmest, auch in den Phasen, wo du davon wirklich nichts bemerkst, weil deine Schwingung angehoben und verändert wird im Zuge der Entscheidungen des Einzelnen und des Ganzen.

Deshalb wird niemals etwas, das sich für dein Ich als Mensch bedrohlich anfühlt, wirklich bedrohlich sein. Es ist nicht möglich, denn unser Anliegen ist allezeit, aus der Liebe zu helfen, zu dienen, zu segnen und zu verbinden.

Das Chaos, das du zeitweise in deinen Gefühlen erlebst, in deinem Körper und der dich umgebenden Wirklichkeit, die sich für dich abbildet, ist ein relativer Zustand des in

Veränderung befindlichen Ganzen, der jederzeit in ein neues Gleichgewicht münden wird, weil nichts anderes, ich betone: nichts anderes im Neuen Bewusstsein geschehen kann. Die Ordnung und Harmonie des Kosmos ersetzen alle vereinzelten Strukturen, die aus verborgenen Ängsten geboren wurden, was so aussieht, als hättest du keine Kontrolle über dein Leben. Du kannst gewiss sein, dass jene Liebe, die dir das Leben schenkt, nichts anderes ist als Fürsorge, die dich weiterhin beschenkt und beschenkt.

Aus Angst geborene Konflikte und Auseinandersetzungen verschwinden zugunsten von Erfahrungen der Schönheit des Allumfassenden.

Aus Liebe bist du geboren, wie jeder. Aus Liebe.

Deine Liebe hat dich in viele, viele Erfahrungen geführt, denn das Leben möchte wissen, wie dieses und jenes ist.

Nun bist du sehr einsam gewesen in der letzen Phase deiner Entwicklung, um die allumfassende Geborgenheit aus tiefstem Herzen herbeizusehnen.

Dein Wunsch nach Austausch ist stark geworden, sodass die Menschheit, jetzt in die Phase der Zusammenarbeit miteinander durch Weisheit und Tiefe der jeweiligen Erfahrung hineinwachsend, davon profitiert.

Erst wenn das Urteil überwunden ist, erfährst du Beziehungen als eigenen Schöpfungsraum, in den Licht aus höheren Ebenen einfließt und multidimensionale Verbindungen erfahrbar sind.

Dies ist nun der Anfang dessen, was nirgends geschrieben steht, denn es ist neu.

Ihr denkt vielleicht, diese Erfahrung müsse in irgendeinem Universum schon kreiert worden sein, aber das Experiment, das ihr seid, ist zum ersten Mal gelungen.

Deshalb erregt ihr so großes Aufsehen.

Die Universen sind wie alle Lebewesen jeweils individuell. Sie sind auf ihre Weise großartig, besonders und vor allem einzigartig. Das Finale ist jeweils ein Ende und meist der Auftakt zu einer anderen Erfahrung. Diesmal ist ein Zyklus aller bisherigen bekannten Zyklen in Übereinstimmung mit der Mutterschöpfung, aus der alles entstand, weshalb jetzt diese Verschmelzung stattfindet, die eure nicht vorbereiteten Bewusstseine in Verwirrung stürzt.

Auch du bist davon betroffen, Lieber, Liebe.

Es kann eine großartige, wunderbare Erfahrung sein, wenn du dich dem überlässt. Denn der Widerstand wird es nicht aufhalten, das ist vollkommen unmöglich.

Die Zeichen der Zeit sind deutlich, es ist das Ankommen der Ewigkeit im Physischen, in dir und in jedem.

So ist tatsächlich eine Synchronisation zwischen unserem Universum und eurem erfolgt, und wir werden in naher Zukunft schon den Weg einer neuen Schöpfung beginnen. Gemeinsam sind wir dann nicht mehr jenseits von Zeit, sondern auch in der Gegenwart, die du und ich erleben.

Es wird großartige Möglichkeiten geben, die alle voller Liebe sind!

Jenseits deiner Unsicherheit, die völlig normal ist zu diesem Zeitpunkt, hast du all das für dich vorbereitet, was Frieden, Heil und Erlösung aus den Ebenen der Angst und der Unterdrückung in dein Leben bringt. Folge deinem Herzen mit Mut und Aufrichtigkeit.

Wir sind mit dir.

*Die Führer und Meister der Bruderschaft der Freude
am 1. 5. 2010*

Nachwort

Du möchtest wissen, ob es weitergeht…?

Ja. Die Antwort ist ja.

Buch IV ist in Arbeit und trägt den Titel: „Quellen der Freude".

Das Projekt „Circle of Joy" ist dabei, sich zu entfalten.

Die Lichtarbeiter haben begonnen, sich auf eine Weise miteinander zu vernetzen, die schon jetzt Ergebnisse zeigt, die niemand für möglich gehalten hätte.

Und aus meiner eigenen Erfahrung kann ich sagen: Es wird besser und besser.

Ich kenne die Schwierigkeiten und Herausforderungen des Übergangs. Alles in allem kann es manchmal so aussehen, als gäbe es kein Ende mit den Anpassungen, weil der Körper mit jeder Entscheidung verändert wird. Wenn du einmal verstehst, wie es funktioniert, möchtest du damit nicht aufhören, obwohl es hier und da unangenehm wird.

Deshalb vertraue darauf, dass du und ich hier sind, um die Freude zu erfahren.

Das wird mehr Freude in dein Leben hineinbringen, als du dir vorstellen kannst.

Wenn du bereit bist, die Freude zu teilen, bist du drin im Circle of Joy.

Automatisch.

Darüber hinaus besteht die Möglichkeit, auf der physischen Ebene Kontakt aufzunehmen, und da sind uns keine Grenzen gesetzt, dieses Projekt auf eine Weise zu erweitern, die das Licht der Freude für alle ins Fühlen bringt.

Für alle.

Genieße diese Erfahrung; du hast das volle Potenzial, dein Paradies zu verwirklichen.

In Verbundenheit und Freude
Joy

Über die Autorin

Sabine Joy Sophia Neie wirkt seit 2007 als Kanal für die Bruder-schaft der Freude.

Sie ist ein Teil der universellen Hilfe, die den Aufstieg der Erde und der Galaxie zu unterstützen gewählt hat.

Aufgrund ihrer persönlichen Erfahrung und der Verbunden-heit mit den Engeln und Meis-tern, die dieses Anliegen teilen, wurde *Circle of Joy* ins Le-ben gerufen: ein Projekt, um die Freude des Aufstiegs mitei-nander zu feiern.

Fragen zum Thema an *CircleofJoy@gmx.de*

bitte umblättern

Der ersten Bände dieses Werkes sind unter dem Titel

...denn ich bin Liebe

mit der ISBN 978-3-89568-193-6

und

...und am Ende bleibt nur die Liebe

mit der ISBN 978-3-89568-201-8

im **ch. falk-verlag** erschienen.

2012 im ch. falk-verlag

Der Aufstieg der Erde 2012 in die fünfte Dimension
978-3-89568-109-7

2012 und danach
978-3-89568-211-7

Reihe: Aufstieg und Leben in der 5. Dimension

Die Gesellschaft 2015 (Bd. 1)
978-3-89568-216-2

Die Erde, ein neuer Stern (Bd. 2)
978-3-89568-217-9

Die Heilung, die dir zusteht (Bd. 3)
978-3-89568-224-7

Die Rückkehr ins Paradies (Bd. 4)
978-3-89568-225-4

Babajis Anleitungen für die Neue Zeit
978-3-89568-215-5

Lichter des Aufstiegs
978-3-89568-208-7

Saint Germain spricht
978-3-89568-207-0

Das Tor zum Goldenen Zeitalter
978-3-89568-135-6

Die Schlüssel fürs Tor zum Goldenen Zeitalter
978-3-89568-177-6

Das Tor zur körperlichen Transformation
978-3-89568-137-0

Das Tor zur partnerschaftlichen Liebe
978-3-89568-145-5

Das Licht Gottes versagt nie 978-3-89568-128-8

Aufbruch in das neue Jahrtausend
978-3-89568-073-1

ohne Ticket in andere Dimensionen ...
978-3-89568-158-5

Die Seele in den Meisterjahren 978-3-89568-127-1

CD Die neuen Wege der Liebe 978-3-89568-163-9

CD Das Tor der Gnade 978-3-89568-169-1

CD Christuspräsenz u. Allmacht 978-3-89568-131-8

CD Lichtsäulen-Clearing 978-3-89568-157-8

CD Die Krönung 978-3-89568-174-5

Jesus – wenn er wiederkäme... 978-3-89568-203-2

Lichtbotschaften des Aufgestiegenen Meisters Hilarion
978-3-89568-116-5

Neue Lichtbotschaften 978-3-89568-138-7

Meister Hilarion beantwortet Lebensfragen
978-3-89568-161-5

Hilarions himmlischer Ratgeber
978-3-89568-194-3

Werkzeuge der Schöpfung 978-3-89568-134-9

Herzensbildung Teil 1 und 2
978-3-89568-146-2 und -179-0

Das New Life Manifest 978-3-89568-080-9

Grenzenlos leben 978-3-89568-031-1